DJ鉄ぶらブックス 008

忘れじの温泉電車
～温泉へ向かう鉄道今昔～

道後温泉への足となっている伊予鉄道「坊っちゃん列車」
2013.2.11　写真：松本洋一

JN187064

忘れじの温泉電車
~温泉へ向かう鉄道今昔~

CONTENTS

［プロローグ］
◎温泉と鉄道 ……………………………………………… 4

北海道・東北地方 …………………………………… 8
定山渓鉄道 ……………………………………………… 10
登別温泉軌道⇒登別温泉 ……………………………… 14
花巻電気・温泉軌道⇒花巻電鉄 ……………………… 18
庄内電気鉄道⇒庄内交通湯野浜線 …………………… 22
秋保電気軌道⇒仙南交通秋保線 ……………………… 26
飯坂電車⇒福島交通飯坂線 …………………………… 30

関東・信越地方 ……………………………………… 34
塩原軌道⇒塩原電車 …………………………………… 36
下野電気鉄道⇒東武鉄道鬼怒川線 …………………… 40
伊香保電気軌道⇒東武鉄道伊香保軌道線 …………… 44
草津軽便鉄道⇒草軽電気鉄道 ………………………… 48
上田温泉電軌⇒上田電鉄別所線 ……………………… 52
長野電鉄長野線 ………………………………………… 56
筑摩電気鉄道⇒松本電気鉄道浅間線 ………………… 60
小田原電気鉄道⇒箱根登山鉄道 ……………………… 64

東海・北陸・近畿・山陰地方 …… 68

- 伊豆急行 …… 70
- 豆相鉄道⇒伊豆箱根鉄道駿豆線 …… 74
- 黒部鉄道⇒富山地方鉄道本線 …… 78
- 温泉電軌⇒北陸鉄道加南線 …… 82
- 四日市鉄道⇒近畿日本鉄道湯の山線 …… 86
- 神戸有馬電気鉄道⇒神戸電鉄有馬線 …… 90
- 米子電車軌道 …… 94

四国・九州地方 …… 98

- 道後鉄道⇒伊予鉄道 …… 100
- 山鹿温泉鉄道 …… 104

［巻末データ］

全国「湯」「温」の付く駅名一覧 …… 108

プロローグ
温泉と鉄道

　明治、大正、昭和を生きた小説家・田山花袋の『温泉めぐり』(1923年初出、現在岩波文庫などに収録)の冒頭は"温泉というものは、懐かしいものだ"という書き出しで始まる。

　この一文が名文であるか否か。岩波文庫版の解説には"「というものは」「ものだ」と、同じ言葉がくり返されていて、あまり上手な文章ではないような気がするが、感じはよく分かる。そして私もそう思う"とあり、やや辛口ではあるものの、的を得ているようだ。

そして、花袋の言葉が最適な言い回しだったかどうかはともかく、読者に忘れ難い印象を与えることは事実で、温泉の魅力がうまく捉えられていることも間違いない。

　日本各地に存在する温泉のうち、歴史あるものは古代、あるいは中世、より具体的には平安時代までには開湯していたとされ、温泉に浸かるという行為が、遠い昔から人々の間に受け入れられていたことが理解できる。

　花袋は『布団』『田舎教師』を代表作とす

　る"自然派"の作家であるが、小説もさることながら、膨大といえる量の、今日でいうところの旅行ルポ、紀行文を著している。その文体は平明なもので、同時代を生きた歌人・紀行文作家の大町桂月の文体とは好対照をなすものと見ることもできる。交通機関が未発達で、国民の生活水準も低く、庶民にとって楽しみのための旅行がなかなか果たせぬ夢だった時代には、『温泉めぐり』をはじめとする花袋の紀行文が、読者に夢を与えたであろうことは想像に難くない。花袋は脚絆、草鞋で足回りを固め、時には日に60km以上を歩いたというから、ずいぶんな健脚家だったようだ。

　ここで電車が登場する。よく知られているように、日本の鉄道は明治初期に産声を上げたが、全国で幹線の建設が順調に進み、私設鉄道の建設も認められるようになると、鉄道は寺社・仏閣、温泉など、今日でいうところの観光地を目指して建設されるようになった。今日のようにレジャーが多様化してはいない

時代に、これらの目的地を目指す旅は、宗教的行事と歓楽を兼ね備えたもので、庶民の生活のなかで大きなポジションを占めていたのだ。鉄道はそれまでの1日の行程を1時間に縮めてみせる先端の交通機関だった。庶民にとって有力な観光地である温泉場を目指す鉄道が、全国にいくつもが誕生したのである。

本書では、全国に建設された「温泉へ向かう鉄道」のなかから、その路線が建設される主たる目的に温泉への観光客輸送があり、で

きれば終点に温泉がある"盲腸線"であるものを紹介し、今日にいたる歩みを振り返ってみた。残念なことに、国鉄・JRの路線はその選から漏れてしまったが、これは国鉄・JRの路線が温泉の観光客輸送ばかりでなく、幾多の目的を兼ね備えて建設された結果によるもので、陸羽東線のように沿線に多くの温泉がありながら、本書には登場しないものが何路線もある。

逆に私鉄においては、その建設目的が営業

開始後にも随所に色濃く残り、路線ごとに独特の雰囲気が醸し出されているのが興味深い。これには、国鉄・JRの路線が、非常に大きな組織の有するものであるがゆえに、職場の異動もあり、汎用性を備えたルールで運営されているのに対し、私鉄ではその土地を愛する人々が働き、それ故に独自のカラーを反映させやすいという構造も関連しているように思える。

そのような具合だから、温泉に向かう私鉄の路線には、どこかのどかな雰囲気が漂い、利用客も従業員もその雰囲気を大切にしていて、車両、運転、施設などのすべての面での大きな魅力となっているようだ。

何もかもが画一化の方向に進んでいるのが現代という時代だと思う。ならば、温泉に向かう電車の、のどかで、けれどもほかでは味わうことのできない魅力を堪能してみよう。

本日は、どこか懐かしい温泉電車の世界に、ようこそ。

（池口英司）

北海道
東北地方

定山渓鉄道　／　登別温泉軌道⇒登別温泉　／　花巻電気・温泉軌道⇒花巻電鉄　／　庄内電気鉄道⇒庄内交通湯野浜線　／　秋保電気軌道⇒仙南交通秋保線　／　飯坂電車⇒福島交通飯坂線

定山渓鉄道
（じょうざんけいてつどう）

定山渓温泉

- ■営業期間：1918（大正7）年10月17日〜1969（昭和44）年10月31日
- ■軌間：1067mm
- ■区間（廃止当時）：東札幌〜定山渓間

1954（昭和29）年開催の国体に対応するため、クハ1211＋モハ1201を導入し同年5月1日から運転を開始した
1954.4　写真：交通新聞社

幕末に拓けた温泉への足として

北海道の札幌近郊に路線を延ばし、東札幌（開業時の起点は白石）と定山渓の間27.2kmを結んでいた私鉄が定山渓鉄道だ。開業は1918（大正7）年。そして1969（昭和44）年10月31日をもって全線が廃止され、姿を消した。今はなきこの路線こそ、「温泉電車」の名にもっともふさわしい路線のひとつかもしれない。

豊平川の上流域に広がる定山渓温泉は、江戸時代末期には温泉宿が開設されていたという。修行僧・美泉定山（みいずみじょうざん）がアイヌの人々の案内によって良泉に出会ったのがその始まりと伝えられ、それは1866（慶応2）年とされている。時代は明治維新の直前ということになるが、北海道という土地が本格的に拓かれていったのは明治以降のことであり、この地の先住者であるアイヌ民族は、それよりも遙か以前から、ここ

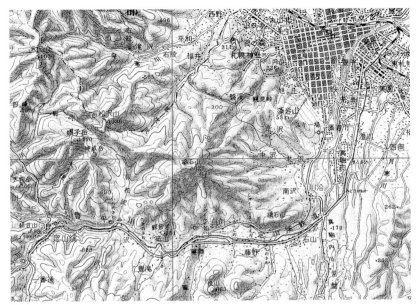

20万分の1地勢図『札幌』昭和41年2月28日国土地理院発行より

に温泉があることを知っていたはずだ。温泉は修行僧にちなみ、定山渓と名付けられた。

この地への鉄道の建設工事が始められたのは、1917（大正6）年4月のことである。鉄道建設の目的には、温泉への観光客輸送のほかに、木材、石材の輸送も掲げられており、それは豊平側流域の御料林から産出される材木、豊羽鉱山から産出される鉱石を差していた。豊羽鉱山では銀、銅、鉛、亜鉛、インジウムが産出された。インジウムは導電性と透明性を備えたレアメタルで、今日でもテレビやパソコンのディスプレイの電極などに使用されている。豊羽鉱山で産出されるインジウムは、世界一の産出量を誇っていた。

定山渓鉄道白石〜定山渓間は1918（大正7）年10月17日に開業する。当初は非電化路線として開業し、2両の蒸気機関車と、4両の客車、13両の貨車が用意された。それはいかにも大正時代の地方私鉄の黎明期のものらしい、規模の小さなものだったが、それでも鉄道の力は絶大だった。

鉄道の開業によって、札幌の都心部と定山渓は、1時間足らずで結ばれるようになったのだ。それはまだ道路の整備が進まず、自動車も普及していなかった時代には革命的ともいえるスピードだった。今日でこそ、あらゆる場所がアスファルトで固められた平滑な道となり、乗用車は燃費が優れて、故障やパンクもめったに起こらず、人々の暮らしになくてはならない存在となっているが、そのような環境が整えられたのは昭和後期のことだ。

長く続く未舗装の山道を、乗り心地の悪い乗用車で辿る大正から昭和初期の道のりには、大きな苦痛も伴っていたに違いない。乗合バスがあったとしても、乗り心地は同様だったろう。鉄道は、庶民をそうした移動の苦痛から解放したのだ。専用軌道を持つ鉄道が、大量の貨物の産出に大きく貢献しただろうことも想像に難くない。1926（大正15）年8月21日には、北海道鉄道（のちに国有鉄道に編入）

モ2100形2103　1956.3.15　豊平　写真：交通新聞社（3点とも）

ディーゼル機関車　ＤＤ45-1
1957.3.18　札幌

の開業に伴い、東札幌駅を新設。定山渓鉄道と北海道鉄道がこの駅で接続した。

昭和初期から着実な近代化を果たす

こうしてスタートを切った定山渓鉄道は、1929（昭和4）年10月には東札幌～定山渓間の全線を直流1500Vで電化完成させている。それは北海道の国鉄（現・ＪＲ）よりも遙かに早い電化完成であり、早い時期から進められた施設の近代化には、この鉄道の好調ぶりが垣間見える。

路線の電化完成と同時に入線した電車が4両のモ100形で、新潟鐵工所（現・新潟トランシス）製。15m級の車体を備え、関東、関西の電車と比較しても遜色のない近代的なスタイルと性能を備えていた。

定山渓鉄道のいち早い電化完成を受けて、東札幌で接続する北海道鉄道（のちに国有鉄道に編入）も1931（昭和6）年7月25日に東札幌～苗穂間を直流で電化。これによって定山渓鉄道の車両を使用した直通運転が行なわれるようになった。この時点での将来の夢は、もちろん札幌までの乗入れだったろう。東札幌から札幌までの距離は、わずか2kmだ。しかし、その後の戦争の勃発によって、白石～東札幌間の線路は、不要不急の路線と見なされ、廃止されてしまう。それは、順調に発展してきた鉄道が経験した初めての挫折だった。

定山渓鉄道の復興が本格化したのは昭和30

定山渓スポーツ公園の一角にある終着駅跡の記念碑

年代を迎えてからで、1957（昭和32）年8月12日からは、新しい方式の運転が開始された。気動車を使用した札幌への乗入れ運転により、ようやく、定山渓鉄道が強く望んでいた札幌への乗入れが始まった。気動車による札幌乗入れ開始と同時に、東札幌〜苗穂間の電化施設が撤去されているが、この経緯には、函館本線、千歳線の交流電化を見込んでいた国鉄が、直流の電車線の存在を嫌い、車両の札幌乗入れを条件として、既存の架線を撤去させたという説も伝えられている。

定山渓鉄道の札幌から定山渓までの道のりは、観光旅行にうってつけだったに違いない。1968（昭和43）年10月の時刻表を見ると、札幌発14時32分の列車は、定山渓に15時44分に到着する。駅からのんびりと歩き、あるいは温泉街を少し散策してから宿に入れば、ちょうど夕刻。それは土曜日からの1泊旅行にも、好適だったろう。この路線が、温泉電車の名にふさわしいとするゆえんだ。

今は廃線跡も不明瞭になった路線

そんな定山渓鉄道も、1969（昭和44）年10月31日限りで廃止となってしまう。廃止の理由には、もちろん乗用車の普及があった。

いま、定山渓鉄道の廃線跡は、ほとんどその痕跡が残されていない。わずかに旧・石切山駅舎が、「石切山振興会館」に姿を変えている程度だ。軌道敷跡も散見されるが、随所が宅地化され、追跡は難しい。

終着駅定山渓の駅跡も、温泉街の外れにある公園にわずかに残されている程度で、そこには小さな記念碑が建てられているものの、軌道跡を見つけることは困難になっている。周囲には近代的なホテルが建ち、大型の観光バスが発着している。ここに駅があった時代の情景は、今では人々の記憶からも消えつつあるようだ。

登別温泉軌道
（⇒登別温泉）

- ■営業期間：1915（大正4）年12月1日～1933（昭和8）年8月31日
- ■軌間：762mm⇒1067mm
- ■区間（廃止当時）：登別駅前～登別温泉場

登別温泉

単行電車の脇を温泉客か宿の人が往く　所蔵：山口雅人

登別温泉利用客の送迎用として交通が発達

「のぼりべつクマ牧場」「地獄谷」などの存在でも知られる登別温泉は近世になってその存在が知られ、江戸末期から明治にかけて活躍し、北海道という地名の名付け親となった松浦武史郎の著作でも、その名が伝えられた。当時は道らしき道はなかったともいわれ、登別温泉の開発は、近代以降の時代に委ねられることになる。

日露戦争による傷病兵の保養地に指定されたことから、登別の名は全国に知れ渡るようになった。1891（明治24）年に旅館「第一滝本館」の創始者の私費によって拓かれた道を頼りに、徒歩か、馬車にたよっていた温泉への道のりは、1915（大正4）年に軌間762mmの馬車鉄道が開通したことで、大きく改善された。馬車鉄道の運行にあたっては、登別温泉軌道という会社が立ち上げられ、登別駅から温泉までの、およそ8kmの道のりは、馬車

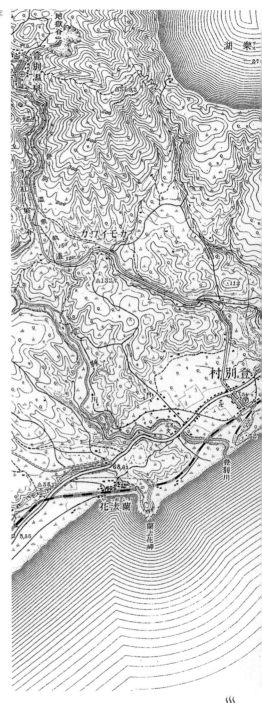

5万分の1地形図『登別』大正6年測図昭和3年鉄道補入より

時代は片道2時間を要していたが、これが馬車鉄道に替わったことで、温泉行きが1時間20分、戻りが1時間に短縮されている。軌道が敷設された道は、それまで使用されていた旧道が急峻だったことから利用することができず、地元で紅葉谷と呼ばれていた地点を経由するルートに改め、これを併用軌道とすることで地元の諒解が得られたというが、それでも時には急な坂が現れる。時間の短縮を可能にしたのは平滑なレールの上を、平滑な車輪で走ることができる鉄道の特性があればこそのことであり、それは乗り心地の改善にも大きく寄与したのだ。

しかし、坂道のあるルートゆえ、ウマを使用した輸送には自ずから限界があり、そのことを案じた温泉の関係者は、動力に蒸気機関車を使用することを立案した。この思い切ったアイディアは、1917（大正6）年3月の臨時株主総会で承認され、温泉への交通機関は、近代化へ向けての第一歩を踏み出すことになった。

蒸気鉄道の時代を経て鉄道は改軌、電化へ

蒸気機関車による運転は1918（大正7）年から開始された。これで全線の所要時間は下り上りとも1時間に短縮された。乗合い馬車

開業当初は馬車鉄道で営業していた　所蔵：山口雅人（3点とも）

1918（大正7）年5月1日から蒸気機関車を導入

時代の半分だ。しかし、蒸気機関車には急な坂道が苦手という大きな弱みがあり、運転と保守にも技量が要求された。蒸気機関車が着火をしてから運転に必要な蒸気の圧力を得られるようになるまでには一定の時間を必要とし、登り坂にかかった時にボイラーの圧力が下がってしまえば、列車はたちまち失速してしまう。蒸気機関車はデリケートな乗り物で、日によっても走行性能が異なり、それはこの「機械」の部品が熱による膨張と収縮を繰り返していることによる、という見解もあるが、蒸気機関車の安定運転にはそれだけの労力が必要とされるのだ。

そこで今度は電車化を進めることになった。

名勝紅葉谷を遠望した秋の温泉軌道

電気運転の開始は1925（大正14）年８月６日で、この時には同時に軌道の1067mmへの改軌も行なわれた。電化工事だけでも相応の労力が必要とされるはずだが、これに加えて改軌工事までを実施されたのは、温泉の関係者に、広い知識とリーダーシップを備えた人物がいたからだろうか……。この工事の完成によって、かつては乗合い馬車や、馬車軌道が走った道に、本格的な電車が走るようになったのだ。電車は小型だが、おそらく変電所の能力が不足していたためだろう、乗客が多いときには、近隣の民家の電灯が暗くなったといい、住民までが温泉客の多寡を知ることができたという楽しい逸話が生まれた。

時代の波を越えた先進性

こうして、一般的な鉄道会社に肩を並べるまでに至った登別温泉軌道は、1933（昭和８）年５月30日には、社名を登別温泉株式会社へと変更している。その矢先の同年９月１日から休止、10月15日にはこの愛すべき鉄道はバスに転換されて廃止された。同社では1930（昭和５）年からハイヤーを保有して駅と温泉の間で運行していたから、自前でインフラを維持する必要のない乗用車のメリットに気がついていたのだろう。鉄道の廃止に伴って、それまで３両保有されていた電車は、同じ北海道内を走る旭川電気軌道に譲渡された。

いわば温泉利用客の送迎のために生まれ、馬車から馬車鉄道、蒸気鉄道から電気鉄道へと順を追って発展を続けていった登別温泉軌道……。必要とされる輸送力を自前で調達し、随時これを更新してゆくというバイタリティが、豊富なその湯の湧出量同様、今も衰えない登別温泉の知名度につながっているようだ。温泉電軌の運営を手がけた会社は今日も健在で、今は温泉の供給事業、不動産賃貸などを手がけている。

花巻電気・温泉軌道
（⇒花巻電鉄）

- ■ 営業期間：1915（大正4）年9月16日～1972（昭和47）年2月15日（鉄道線）
- ■ 軌間：762mm
- ■ 区間（廃止当時）：花巻～花巻温泉間（鉄道線）、西花巻～西鉛温泉間（軌道線）

花巻温泉郷

終点で佇む電車たち　1964.8　花巻温泉　写真：楠居利彦

日本で初めて762mm軌間の電化路線が誕生

1972（昭和47）年まで岩手県を走っていた私鉄・花巻電鉄。法規上、鉄道線と軌道線の2つに分類される2つの路線を有し、鉄道線（花巻温泉線）は西花巻～花巻温泉間7.4kmを、軌道線（鉛線）は、中央花巻～西鉛温泉間18.6kmを結んでいた。どちらも軌間762mm、直流600Vで電化されていた。1965（昭和40）年7月1日に中央花巻～西花巻間が廃止されたことから、それ以降2つの路線は西花巻でつながるかたちになり、実際には国鉄（現・JR）と接続する花巻をターミナルとして、両方向に向かって列車が走っていた。つまり、西花巻～花巻間は軌道線の車両が鉄道線に乗り入れていたのだ。今日ならば、さっそく直

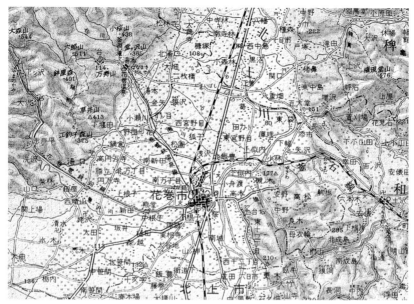

20万分の1地勢図『盛岡』昭和45年2月28日国土地理院発行より

通運転を、となるのだろうが、当時はそのようなことにはならず、電車は律儀にそれぞれの持ち場を往復していた。

性格が似ているようで、それでもやはり違いがある2つの路線が、それぞれ温泉の名が付く駅を終点としていたのが面白いが、花巻温泉は1923（大正12）年に、2kmほど離れた台温泉からの引湯をして開かれた温泉で、いっぽうの鉛温泉は1軒宿の温泉となっており、持ち味が異なっている。

路線の建設が開始されたのは軌道線のほうが早く、まず1915（大正4）年9月16日に花巻川口町〜湯口村間が開業。花巻川口町はのちの西公園、湯口村はのちの松原だ。軌道線の線路は部分開業を繰返したあと、1925（大正14）年11月1日に、終点の西鉛温泉に達している。

いっぽうの鉄道線は軌道線の全通よりもわずかに早い、1925（大正14）年8月1日に西花巻〜花巻温泉間で営業運転を開始した。も

ちろん、両路線の開通による地元の喜びは大きく、温泉旅館は観光の足ができたことを喜んで、祝賀の広告を出すなど、PRに努めている。762mm軌間を採用しながら電気を動力として開業したのは両路線初めてのもので、軽便規格の地方私鉄にも、先進性が備わっていたことになる。

軌道線の「ヌシ」的な存在だった「馬面電車」

花巻電鉄に存在した鉄道線と軌道線の2種類の線路は、法規によって分類されたものだったが、実際には同じ762mm軌間を採用していたこともあって、車両の規格などが極端に異なったものではなかった。それでも、軌道線の車両は全体に小さく、それはこの路線が、幅の狭い道路上を併用軌道で走らなければならなかったことが原因だ。その象徴的存在で、レイルファンにもよく知られているのが、

トロリーポール集電のデハ21・22　1964.8　写真：楠居利彦（2点とも）

1926（大正15）年から1931（昭和6）年にかけて製作されたデハ1〜5で、愛称は「馬面（うまづら）電車」（あるいは「ハモニカ電車」とも……）。車体幅は最大で1600mmで、さらに両端部には絞り込みがあり、正面から見ると、とにかく縦長に見えた車両だった。車内幅は1360mmという狭いもので、それでもロングシートが向かい合わせに配置されており、両方に乗客が腰掛ければ、膝がぶつかるほどになる。この車両には立席22名が設けられていたが、実際にはそのようなスペースはどこにもなかったはずだ。そんな軌道線の車両も時には満員になることがあり、その時は電車が無蓋車を牽引して、そこに乗客が乗り込んだ。もちろん運賃は徴収されただろうから、不公平な話だが、それでもクレームが出るようなことはなかったのだろう。何もかもが、そのようにおおらかな時代だった。この電車に乗って、全線を走れば所要時間はおよそ1時間となり、つまりスピードも自転車並だったということになる。軌道線の沿線には、終点の西鉛温泉、鉛温泉のほかに、志戸平温泉、大沢温泉、高倉山温泉という駅が連なり、ちょっとした温泉郷の様相を呈している。もちろん、それぞれの規模は小さかったはずで、高倉山温泉駅ではホームがない替わりに、電車が停まった時のドアの位置に小さな木箱が置かれていたこともあったという。究極の軽便ホームというところだろうか……。これであれば仮に不心得者に持ち去られてしまったとしても、すぐに代替がきく。そんな小さな電車に揺られて向かう温泉の旅は、どのようなものだったのだろう。何もかもが豪華指向になってしまった今日からは、想像することも難しい。

車庫で休む鉄道線のデハ4（左）とデハ56（右）。庫内には軌道線の「馬面電車」の姿も見える

今も1両が保存されている「馬面電車」

　いっぽう鉄道線の車両は、軌道線の車両に比べれば、いくぶん大人しいスタイルだった。創業時に投入されたのは木造のボギー車で、古色蒼然といったスタイルだったが、戦後に増備された車両は当初から鋼製の車体を備え、側窓の上下に補強材のないノーシル・ノーヘッダーのスタイル。屋根は張上げ屋根となり、集電装置にビューゲル、室内照明に蛍光灯を採用した車両もあって、今日のレイルファンが想像する平均的な路面電車のスタイルに近づいている。鉄道線の車両も決して速かったわけではないが、全線を走破しても所要時間は20分あまり。これは、延長が7.4kmと短かったためだ。

　こうして地元住民の確かな足となり、一部のファンからは熱狂的な支持を得ていた花巻電鉄も、晩年は岩手中央バス（現・岩手県交通）へ統合し、1972（昭和47）年2月15日を最後に、すべての線が姿を消した。最終日には装飾が施された電車も運転されている。

　いま、両路線の廃線跡を特定することは容易ではない。当時の地図と綿密に照らし合わせることで、細い道路を軌道敷跡と認めることはできるが、もとより平地の併用軌道上を走っていた路線だけに遺構を見つけることは難しくなっている。

　そのなかで、花巻駅近くにある「市民の家」の脇には、あの「馬面電車」、デハ3が静態保存されており、貴重な史料となっている。オリジナルの車両はいちど姿を消してしまえば、あとからいくらそっくりに復元してみても、それはレプリカに過ぎない。デハ3が末永く、良好な状態で保存され続けることを願うばかりだ。

庄内電気鉄道
（⇒庄内交通 湯野浜線）

- ■営業期間：1929（昭和4）年12月8日〜1975（昭和50）年3月31日
- ■軌間：1067mm
- ■区間（廃止当時）：鶴岡〜湯野浜温泉間

湯野浜温泉

「善宝寺鉄道記念館」の跡に残されたモハ3

奥州を代表する温泉として知られた湯野浜

「湯野浜線」という、いかにも温泉の湧き出る海辺の町へ向かう鉄道らしい名の路線は、1929（昭和4）年12月8日に開業した。この時の終点、湯野浜駅は仮駅で、翌年5月8日に正式な湯野浜駅が開業。鶴岡〜湯野浜温泉間12.3kmが全通に至っている。

鶴岡市の北西部に位置し、日本海に面した湯野浜温泉は、中世の天喜年間（1053〜1058年）に発見されたと伝えられている。海辺で温浴をしているカメがいたことから、ここに温泉が湧き出ていることが解ったといい、故事にちなんで「亀の湯」の別名もあるという。温泉、殊に歴史のある温泉には、このような故事が多く付帯しているもので、あとで本書

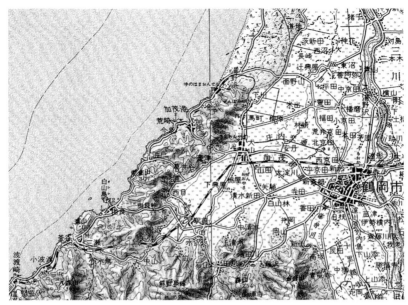

20万分の1地勢図『酒田』昭和45年2月28日国土地理院発行より

の104ページに登場する温泉にも、九州・熊本の山鹿温泉はシカが湯に浸かっていたことから温泉が発見されたという。その真偽のほどは今となっては遠い彼方で朦朧としているが、神秘的で、どこか艶やかさも感じられる逸話となっている。

その後、湯野浜温泉は「奥州三楽郷」に数えられるほどに発展をした。3つのうちの残り2つは山形県の上山（かみのやま）温泉と、福島県の東山温泉ということになっているが、どの温泉場もあまり俗化したところが感じられず、今も清潔感が漂っているのは、ここを訪れる東北人の気質があってのことだろうか……。

時代が下り、大正末期になると湯野浜への鉄道の建設が請願される。建設案はいくつかがルートを違えて提出され、紆余曲折もありはしたものの、1927（昭和2）年に庄内電気鉄道に対して下付され、1929（昭和4）年5月に着工。7カ月の工期を経て、同年12月に無事開業の運びとなった。

途中には京田、北大山、善宝寺、七窪の4駅が設けられ、日中はおよそ1時間毎の運転。善宝寺駅は曹洞宗の名刹、善宝寺に隣接して乗降客も多く、列車の交換設備も設けられた。湯野浜線の建設目的には、湯野浜温泉への観光客輸送、善宝寺への参拝客輸送、沿線住民と産物の輸送の3つが掲げられていたが、この当時から沿線人口が少ないことは明白で、経営には厳しさがつきまとうことが予想されていたようだ。

政策による統合で社名を変更

1934（昭和9）年に庄内電鉄への社名変更を果たした次に変革期が訪れたのは、戦中の1943（昭和18）年で、交通事業の一元化を図

2台並んで乗客を待つモハ7（左）とモハ3（右）　1955.9　鶴岡　写真：交通新聞社

ろうとする国策に沿うかたちで、山形県下の交通事業者5社の統合が行なわれ、これに伴い庄内電鉄は新たに庄内交通を名乗ることになった。ちなみにこの時合併したほかの4社は、すべて自動車による運輸を行なっている会社だった。

　戦争が終結し、日本が高度成長の時代になると、湯野浜線にも安定の時代が訪れる。輸送実績こそ終戦直後の1946（昭和21）年がピークとなって年間245万人の利用客があったというが、昭和30年代になると、海水浴客や、湯野浜で行なわれる花火大会の観客輸送に湯野浜線が大車輪の活躍をする時代が訪れ、終着駅・湯野浜の側線が車両で埋まることもあったという。自動車の普及によって鉄道の輸送需要が減少した後年からは想像することが難しいような、地方鉄道の古き良き日の姿がそこにあったのだ。

　しかし昭和中期以降には、利用客の減少が続いた。乗用車が普及し、道路が整備されてしまえば、鉄道が身上とする定時性の提供も利用客にとっては大きなメリットとはならず、全線12.3kmの路線は、単独の輸送機関としてはあまりにも短いものだったのだ。

　昭和40年代半ばには、鉄道を廃止したいとする動きが顕著化し、地元住民からは当然のように廃止反対運動が起こったが、莫大に膨れ上がった赤字を解消する手だてがあるわけではなかった。そして、1975（昭和50）年3月31日限りで湯野浜線を廃止する計画が立案され、計画は遅延することなく進められた。翌4月1日からは、鉄道に替わりバスの運行が開始された。

昔日の面影をとどめる善宝寺鉄道記念館跡

　湯野浜線が廃止されて、もう40年以上が経つ。これだけの時間が経過すると、意図的に残されたもの以外の線路跡は風化に任せて姿

単行で走る元・東急電鉄デハ3250形のデハ101　1973.8.5　善宝寺〜湯野浜温泉　写真：安田就視

をくらましてしまい、その傾向は人の居住地域に近い所ほど強くなる。湯野浜線の廃線跡もその例にもれず、鶴岡〜善宝寺間では軌道が水田地帯のなかを走っていたことから、耕地整理によってその多くが姿を消してしまい、残されているものも道路に転用されていることから、明確な軌道跡は少ない。いっぽうの善宝寺〜湯野浜間は軌道跡がサイクリングロードとして整備されており、確実に軌道跡を辿ることができるが、橋梁の跡などの遺構は見あたらず、当時のことを記したモニュメントも、旧・湯野浜駅付近に小さな標識が建てられているのみで、往事を偲ぶ材料としてはあまりにも貧弱だ。現役時代の湯野浜駅には、三角屋根を備えたコンクリート製の風格ある駅舎が建てられ、鉄道という近代産業への敬意を感じ取ることができたが、今はその跡地に温泉施設が建ち、軌道跡と駅舎の位置関係を探ることも困難だ。

　そのなかで、往年の姿が残されているのが善宝寺駅の跡だ。ここは旧駅舎をそのまま利用し、「善宝寺鉄道記念館」として、鉄道の廃止後の1978（昭和53）年4月にオープンし、駅舎内には現役時代の写真や、きっぷ類、駅名標、時刻表など鉄道現役の時代の姿を語る数々の資料が保存され、旧・ホームに隣接する線路上にはモハ3の廃車体が静態保存されていた。この駅が保存館に選ばれたのは、隣接する善宝寺には多くの参詣客があり、いわばそれとの「抱き合わせ」での来館があることを目論んだのだろう。連休などにはイベントも実施されたというが、しかし、ただ資料を並べるだけではリピーターを呼ぶことはできず、結局はせっかくの保存館も90年代の終わりには閉館に追い込まれてしまった。今日、建物、線路はそのまま残されているが、放置されたままの施設には痛みが目立ち始めている。温泉に通って電車の在りし日の姿を伝えるこの貴重な施設が、再び美しい姿に戻される日は来るのだろうか……。

秋保電気軌道
（⇒仙南交通 秋保線）

大正14年6月8日発行の『秋保電氣軌道沿線案内』 所蔵：山口雅人

秋保温泉

- ■ 営業期間：1914（大正3）年12月23日～1961（昭和36）年5月7日（秋保石材軌道として開業）
- ■ 軌間：762mm⇒1067mm
- ■ 区間（廃止当時）：長町～秋保温泉間

温泉客と石材の輸送を見込んで鉄道が開業

　秋保電気鉄道は、東北本線と接続する長町を起点に西へと線路を延ばし、秋保温泉まで16.0kmを結んだ、軌間1067mmで直流600Ｖによる電化路線。1914（大正3）年12月23日に軌間762mmの馬車鉄道として開業し、1961（昭和36）年5月8日に廃止された地方私鉄だ。

　この路線の目的地となった秋保温泉は、仙台市太白区秋保町にある温泉で、開湯の時期については諸説あるが、中世、あるいはそれ以前から存在していたとする説が有力だ。"杜の都"仙台にも近いことから市民の利用も多く、早くも大正初期には、馬車鉄道というかたちながらも、この温泉への鉄道が敷設されたというわけだ。鉄道の建設目的には、温泉への観光客輸送のほかに、この地域の特産品である秋保石の運搬も揚げられた。秋保石は凝灰岩の1種で、軽量でありながら、耐火性、

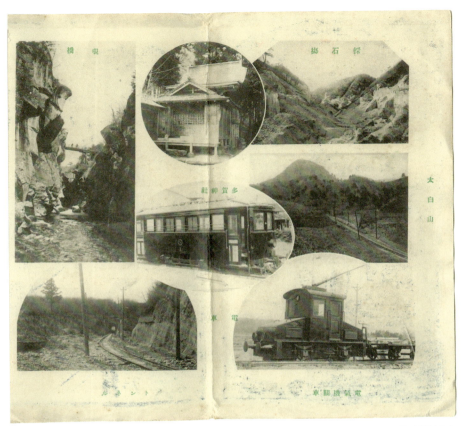

左ページパンフレットの裏表紙。電気機関車や採石場などの紹介があり、秋保石と呼ばれる凝灰岩の一種の輸送もおもな事業目的だった

防水性に優れ、古くから建材として使われているものだ。こうして開業した馬車鉄道は、秋保の人々に変革をもたらしたが、長町と湯本（のちの秋保温泉）間の所要時間は2時間を超えたといい、あとに開業する電気鉄道の倍以上の時間を要していた。

　明治期の日本では、全国の主要都市で馬車鉄道の運行が始められるが、やがて電車の存在が知れ渡ると、馬車鉄道は急速に衰退していった。限られた輸送力もさることながら、馬という生き物の世話には手間がかかったようで、糞の世話（軌道上のどこにでもまき散らされる）もしなければならず、馬の気分によって調子が異なってしまう列車は、やはり公共交通の本命にはなり難い存在だったのだ。

　こうした背景のもと、1925（大正14）年6月14日には待望の電車化が実現し、軌間も開業時の762mmから1067mmへと改められた。黎明期の都市交通から、本格的な都市間電気鉄道への脱皮が果たされたのである。

　戦前の、日に日に戦争の影が色濃くなりながらも、それなりに平穏で安定していた時期が終わり、戦争が勃発すると、列車の運転にもさまざまな支障が生じるようになった。燃

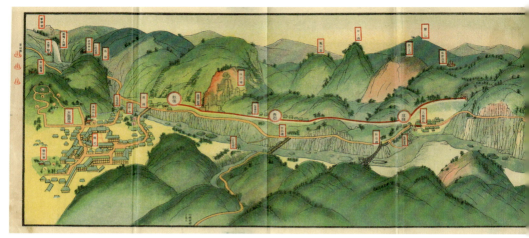

秋保電気軌道時代の『沿線案内図』　所蔵：山口雅人

料の不足によって列車の運転がままならないこともあったが、これもやむを得ないことだった。

同じ車両が2両とない雑多な車両群

　戦争が終結し数年が経過して、燃料不足、食料不足が解消し始めると、日本の社会はようやく落ち着きを取り戻し、全国の交通機関も戦前の勢いを取り戻すようになった。

　もっとも秋保電車に関してみれば、極端に輸送需要が大きくなるということはなく、小型の電車が一堂に集結し、今日の眼には魅力あるラインナップが形成されつつあった。趣味的に興味深かったのが車両の形式称号に「マ」という文字が使われていたことで、これが「モ」であればそれはモーターを意味し、

JRの電車でも使用されている。私鉄では「モ」の変わりに「デ」を使うこともあるが、これは電車の意味。しかし「マ」は解らない。秋保では「マハ」という風に使われていたから、この1文字が車両の基本的な性能を表していることは間違いなく、「モーターが回るからマなのか？」と、現場で働く人に尋ねてみても、その答えは解らなかったという。ほかの鉄道会社で、電車に「マ」の形式名を与えているところはなく、永遠の謎となりそうな気配だ。秋保電気鉄道でマハという形式名が使われ始めたのは1947（昭和22）年頃だというが、この愛すべき名称も1951（昭和26）年以降にはオーソドックスなモハに改められており、特異な名称が使用された期間は短かった。

　秋保に集合した電車はほとんどが小型の2軸車で、数少ないボギー車についても、車体

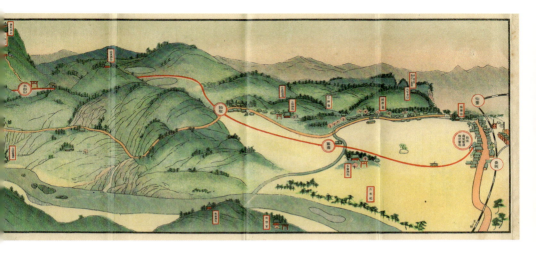

長は２軸車とさして変わらなかった。これらの車両は、自社発注のものもあれば、他社からの転入車もあるという具合で、車両の性能もマチマチ……。そんな混沌こそが、戦後から昭和時代までの地方私鉄の姿だった。

ところどころに軌道敷が残る廃線跡

　秋保電気鉄道は、気軽に利用できる庶民の足として運転が続けられたが、ご多分にもれず乗用車普及のあおりを受けて、全線が廃止されることになった。それは1961（昭和36）年の春のことだったが、同規模の地方私鉄が次々に消えてゆくなかで、秋保電気鉄道は「善戦」したほうだったのかもしれない。同年５月７日で営業運転はすべて終了し、翌８日には盛大な閉業式が行なわれた。

　現在の秋保電気鉄道の廃線跡は、ところどころに明確な軌道敷が残り、隧道も崩壊することなく昔日の姿で佇んでいる。ただし、線路施設などを確認することは困難で、駅の跡も特定することは難しい。一般に住民の居住域にない遺構はいつまでもその姿が残されるが、暮らしの障害となる構築物は撤去されてしまう。秋保電鉄の線路跡は、都市圏近くにあっただけに、放置は難しかったのだろう。

　その意味では秋保電気鉄道の廃線跡にトンネルが残っていることは、驚くべきことかもしれない。秋保電気鉄道には月ケ丘〜太白山間に延長83.6mの第１号トンネルと、萩の台〜茂庭間に延長114.2mの第２号トンネルの２つがあったが、そのどちらもが、現役時代とさして変わらない姿のまま残されている。住宅密集地から少し離れた地点にあったことが、幸いしたのだろう。

飯坂電車
（⇒福島交通 飯坂線）

飯坂温泉

- ■開通：1924（大正13）年4月13日（福島飯坂電気軌道として福島～飯坂《現・花水坂》間を開通）
- ■軌間：1067mm
- ■区間（現在）：福島～飯坂温泉間

温泉のひと夜を過ごした客を待つ7000系　2013.10.6　飯坂温泉　写真：編集部

初めに軽便軌道の線路が延びた東北屈指の温泉場

　福島駅を出て、途中、上松川と笹谷の間で1度だけ右に折れ、そのほかはほぼ真っ直ぐ伸びてきた福島交通の線路は、終着駅のひとつ手前の花水坂を出て緩く右に曲がり、その先で終着駅・飯坂温泉に達する。駅は摺上（すりがみ）川のほとりにあって、ホームの端から続く階段を上った先にある駅舎から外に出ると、そこからは川の流れに沿って、旅館、ホテルがずらりと並んでいるのが見える。東日本大震災発生以降の風評被害は甚大だったと伝えられる飯坂温泉だが、秋保、鳴子とともに「奥州三名湯」に数えられるだけに、今も東北を代表する温泉地としての勢いは失われていないようだ。

架線電圧直流750V時代の飯坂温泉駅に停車中のデハ5319　1982.5.6　写真：交通新聞社

　この温泉の歴史も古く、起源は日本武尊（ヤマトタケルノミコト）の東征まで遡る。あるいは縄文時代に遡るという資料もあるが、いずれにしても伝説の領域となる。開湯は中世、あるいはそれ以前のことだろう。近世にはこの一帯が飯坂村と呼ばれており、それが温泉の名前にもなった。

　この温泉に延びる鉄道の話題が歴史に登場するのは明治末期のことで、信達（しんたつ）軌道の手によって、1908（明治41）年4月14日に福島駅前〜十綱（とつな）間が開業した。信達軌道は軌間762mm、十綱はのちに湯野町へと駅名を改める。動力は蒸気で、信達軌道の発起人には「軽便王」の異名を取った雨宮敬次郎もおり、のちに雨宮は全国の軽便鉄道を統合して大日本軌道を設立し、信達軌道はその福島支社となった。

　この路線は福島駅前を出ると、まず東に向かい、阿武隈川の西岸に沿って北上。長岡地区で西に折れて伊達駅付近で東北本線をオーバークロスし、終着の湯野町に至るという経路を採っていた。湯野駅から飯坂の温泉街までは数百mの距離があるが、温泉の駅というのはたいがいの場合、町の入口に設けられるものだ。道なりに進むと、左に向かえた摺上川の流れがすぐに現れる。

　大日本軌道福島支社となった信達軌道は、大日本軌道の解散に伴って1917（大正6）年9月6日に再び社名を信達軌道に戻し、1925（大正14）年12月24日に社名を福島電気軌道に変更し、1926（大正15）年4月6日には、福島〜湯野町間の電化と、1067mm軌間への改軌を完成させる。これによって昔ながらの軽便軌道が、近代的な姿へと変身したのだった。

ふたつの方向から温泉にアプローチした2社が合併

　いっぽう、福島駅と飯坂の温泉街をダイレクトに結ぶ鉄道の建設も計画された。東北随

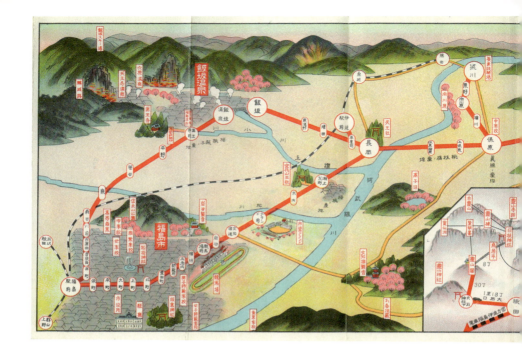

一の歓楽街だった温泉と、県庁所在地を結ぶ鉄道の建設を求める声が挙がったのは当然の成り行きといえよう。1921（大正10）年7月1日に飯坂軌道が設立され、その後すぐに、同年10月5日には社名が福島飯坂電気軌道へと改められている。飯坂軌道は762mm軌間による蒸気鉄道としての鉄道開業を目論んでいたが、これを1067mm軌間の電気鉄道に改めたことに伴って、社名が変更された。この間には、色々な動きがあったことは想像に難くないが、この指針の変更によって福島と飯坂温泉を結ぶ鉄道は、軽便鉄道ではなく、日本の鉄道の標準となっている規格によって建設されることとなった。

福島飯坂電気軌道福島〜飯坂間8.7kmは1924（大正13）年4月13日に開業した。この時の飯坂駅は現在の花水坂駅の位置だった。開業に際して揃えられていたのは、1〜5号の5両の電車と4両の貨車で、電車は2軸車だったが、定員35名の比較的ゆったりとした大きさのものだった。開業時のダイヤは1日16往復の運転で、1時間あたり下り上りとも1本という見当になるが、当時としてはじゅうぶんな頻繁運転といえるだろう。社名は同年10月23日に飯坂電車へと改められている。

1927（昭和2）年という年も、この路線にとって大きな変節の年となった。3月23日には花水坂〜飯坂温泉間の延伸工事が完成し、路線の全通をみたのである。新しい終着駅は摺上川に面した温泉街の入口に設けられた。延伸された距離は400mほどでしかなかったが、駅舎を出るとすぐに温泉街が広がるインパクトは大きく、それはさらなる観光客誘致に結びつけられた。

そしてその年の10月1日には、旧・信達軌道の福島電気軌道と、飯坂電車の両社が合併、新しい社名は福島電気鉄道となり、両社のライバル関係が解消した。そして合併後、前者は飯坂東線を、後者は飯坂西線を名乗ることになった。

摺上川の水面に姿を映す飯坂電車　1973.9.30　飯坂温泉　写真：安田就視

戦前の『沿線案内』には、福島駅から東北本線伊達駅経由の飯坂行や、保原方面への路線が健在　所蔵：山口雅人

上写真の現在の姿　写真：編集部

自動車普及のあおりを受けて飯坂東線を廃止

　戦中の1942（昭和17）年12月3日に、飯坂西線の福島駅の乗入れが果たされたほかは、戦後しばらくの間目立った動きがなかったが、1962（昭和37）年に国策に沿ったかたちで福島県内のバス会社との経営統合が行なわれ、新社名は福島交通となった。すなわち現行だ。

　その後、1967（昭和42）年9月16日には飯坂西線の部分廃止が行なわれ、湯野町駅が廃止となっている。福島駅から飯坂温泉への到達時間は線路が直線に敷設され、規格も郊外電車のものを有している飯坂西線が圧倒的に速く、同一資本のもとの運営であれば、スペックが劣る非採算路線の廃止は無理からぬ話だった。もちろん自動車の普及の影響もあった。昭和30年代には、全国で路面電車が次々に消えていた。そして飯坂東線の残されてい

た路線も、1971（昭和46）年4月12日には全廃された。かつての信達軌道の線路は、これですべて姿を消したのだ。

　残された飯坂西線、現在の福島交通飯坂線の線路は、孤軍奮闘で経営が続けられた。そして架線電圧の直流1500Ｖへの昇圧、元・東急7000系の導入による車両の更新、ワンマン化などの近代化、合理化を経て現在に至っている。終点の飯坂温泉駅は、2010（平成22）年の改築によって品格の感じられる和風の駅舎が使用開始され、町の新しいシンボルになっている。

　それでも、もし軌道線が廃止されることなく今日も健在だったら、あるいは線路延長と、ＬＲＴの導入によって飯坂線への乗入れが行なわれ、福島駅を起点とする環状運転が実現していたかもしれない。それは現代に求められるスマートな都市交通の姿だ。

　もちろんこれも、ただの夢物語に過ぎないのだが……。

関東
信越地方

塩原軌道⇒塩原電車 ／ 下野電気鉄道⇒東武鉄道鬼怒川線 ／ 伊香保電気軌道⇒東武鉄道伊香保軌道線 ／ 草津軽便鉄道⇒草軽電気鉄道 ／ 上田温泉電軌⇒上田電鉄別所線 ／ 長野電鉄長野線 ／ 筑摩電気鉄道⇒松本電気鉄道浅間線 ／ 小田原電気鉄道⇒箱根登山鉄道

塩原軌道
(⇒塩原電車)

JRの東北本線西那須野駅付近の駐車場の一角に建つ記念碑　写真：編集部（2点とも）

現在は西那須野駅東口から塩原温泉へのバスは運行されておらず、西口からJRバス関東の路線バスが出ている

塩原温泉郷

- ■ 営業期間：1912（明治45）年7月11日～1936（昭和11）年1月13日（1931《昭和6》年度から休止）
- ■ 軌間：1067mm
- ■ 区間（廃止当時）：西那須野～塩原口間

関東の北の端にあった小私鉄

　関東平野の北の端に近い栃木県の西那須野と関谷の間に塩原軌道が開業したのは1912（明治45）年7月11日のことだった。軌間1067㎜、非電化の路線としての開業で、開業に際しては、2両の蒸気機関車と、ボギー客車2両、2軸客車4両、貨車7両が揃えられている。この時に導入された機関車はアメリカ・ポーター社製造の「トラム形」で、すなわち小型の路面電車と同様の車体に、蒸気機関車のボイラーと走行装置を搭載したものだった。このスタイルの機関車は、まだ電化が進捗する前のアメリカでは、主要都市の市内交通で数多く使用された実績があったが、日本ではほとんど使用例のないものだった。これもまた、日本の鉄道が発展の方向を手探り

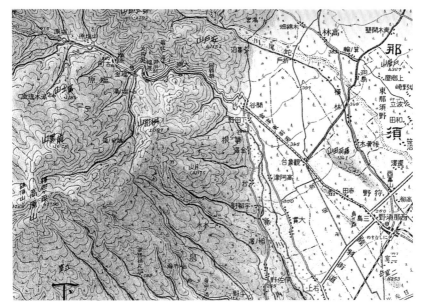

20万分の1帝国図『日光』昭和4年鉄道補入より　ただし、塩原電車の名は見当たらない

で探し続けていた時代ならではのエピソードといえるかもしれない。

　また、客車については、木造の小型のものばかりであったが、6両のうちの4両については「特等」を名乗っており、このあたりは観光客の利用に応えたものだったのだろう。

　塩原軌道の線路は、1915（大正4）年に新塩原まで延伸され、さらに1922（大正11）年7月29日には塩原口に達して路線の全通を見た。西那須野～塩原口間の距離は14.6kmで、この鉄道建設の目的のひとつには、塩原温泉郷への観光客輸送があり、塩原口までの延伸によって所期の目的の一端が果たされたことになる。塩原口から塩原温泉馬返までは、連絡バスが運行された。

　同じ日本鉄道の西那須野駅を起点とする鉄道には、1908（明治41）年に開業した大田原人車軌道があり、この路線は人車を用いた「那須軌道」として、西那須野と大田原の間

を結んだ。大田原は奥州街道屈指の宿場町であり、門前町としても栄えたが、鉄道がこの町を通ることはなく、日本鉄道の駅と大田原を結ぶ交通機関が生まれたのも、当然の成り行きといえるだろう。いっぽう、同じ西那須野を起点としながらも、那須軌道とは逆に西の方向へは人車軌道が建設されることはなく、これはこちらの側に有力な集落がなかったことも一因だったのかもしれない。人車軌道は、まだ内燃機関が発達の前にあった明治期には各地に誕生しており、特に東日本に数が多い。人の乗る車を人力で押すのだから、いかにも前時代的な趣があるが、線路が下りになれば車夫も車両に添乗することができるから、効率が悪いばかりとはいえず、全国には29の人車軌道が存在した。これらは、1901（明治34）年の島田軌道の廃止をもって、すべてが姿を消している。

　さて、人車軌道が生まれることがなかった

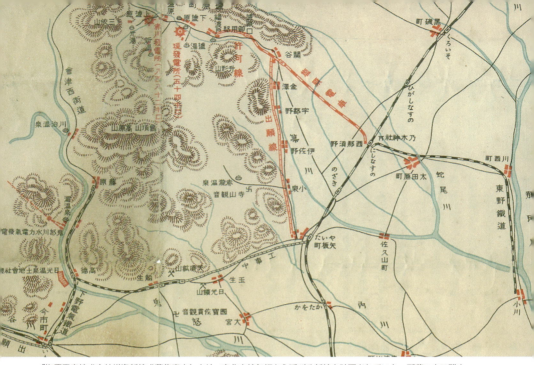

『塩原電車株式会社増資新株式募集案内』より。東北本線矢板から延びる新線も計画されていた　所蔵：山口雅人

　こともあって、正規の鉄道が開業したのが、西那須野から塩原にかけてということになる。塩原軌道の列車の運転本数は、創業時も、全通後も１日に７往復程度の運転だったというが、定時性が高く当時の自動車よりは遙かに乗り心地の良かった鉄道の開業は、沿線の人々に大きな喜びを与えたことだろう。

　そして、塩原口への全通のおよそ半年前のこととなる、1921（大正10）年12月には、直流550Ｖ電圧による全線の電化が行なわれ、電気運転が開始されている。これを見越して同年の９月には社名の「塩原電車」への変更が実施された。いち早い、そして待望の電車運転の開始だった。

　路線の全通時には、４輪の小型木造電車に装飾を施した花電車も運転され、文字どおり開業に花を添えた。途中、停留所として三島、烏森公園、三島神社、稲荷山、赤田、御嶽山道、千本松、金沢、関谷の９カ所が設けられ、関谷と、新塩原はその後に駅位置の変更が行なわれている。また、新塩原の開業時の停留所名は白羽だったが、のちに名称の変更が行なわれた。

不況のあおりを受けて路線は廃止へ

　電気運転が開始されて、塩原電車は新しい社名にふさわしい鉄道会社となった。電気運転の開始に際しては電車２両が導入され、1922（大正11）年に２両が、さらに1927（昭和２）年にも２両の増備が行なわれ、６両の陣容となっている。また、蒸気鉄道時代から使用されていた客車も、そのまま付随車として使用されており、路線の規模に見合った陣容となっている。車両のなかには、廃車され

塩原口駅跡は国道400号沿いにある塩原ガマ石園地という休息所になっている。ここから温泉中心街まではまだ7km以上の道のりだ　写真：編集部

た貨車の下回りを流用し、あらたに車体を新造して客車に仕立てたものもあったといい、この車両の乗り心地は、今日の観光トロッコ客車のようなものだったろう。蒸気機関や内燃機関の製造、あるいは金属加工といった分野においては欧米と比較して著しい遅れをとっていたのが当時の日本の工業だったが、木工においては伝統を持っており、現場の技術者の手で苦もなく製品が作られていたのである。そのようなやり方で、車両まで作られてしまうことが、当時の日本の鉄道の状況だった。

　こうして、沿線住民に大きな期待を抱かせ、開業後も順調な推移を見せていたかに思えた塩原電車も、1932（昭和7）年には運転が休止され、1936（昭和11）年1月14日には全線が正式に廃止されてしまう。昭和初期の大きな不況が直接の原因だったが、通勤輸送のよ

うな大きな輸送需要がなかったことも、廃止の一因だったのかもしれない。日本鉄道の開業後に開発が進められたとはいえ、当時の沿線人口はもともと少なかったのだ。鉄道が健在な時代には、塩原口からさらに奥へ線路を延ばし温泉郷への乗入れや、途中から分岐して矢板方面へと続く新線の建設も計画されていたが、これらが実現することはなかった。開業から休止までおよそ20年という歴史は、鉄道会社のものとしてはあまりにも短い。

　塩原電車の廃止跡は、正式な廃止からも80年近く経ったいまでは、明瞭なものはほとんど残っていないようだ。古地図を頼りに軌道跡とおぼしき跡を辿ってみても、遺構らしきものはなく、軌道跡と特定できる材料も乏しい。わずかに西那須野駅跡などに、当時を忍ぶ記念碑が残されているが、これはもちろん、後年になって建てられたものだ。

下野電気鉄道
（⇒東武鉄道 鬼怒川線）

鬼怒川温泉

- ■開通：1922（大正11）年3月19日
- ■軌間：762mm⇒1067mm
- ■区間（現在）：下今市～新藤原間

鬼怒川温泉駅晩秋の夜　2014.11.20　写真：持田昭俊

ダム建設資材運搬を主目的に誕生

　東武鉄道の下今市から分岐して北へ。下今市と新藤原を結ぶ16.2kmの路線が、東武鉄道鬼怒川線だ。沿線には世界的にも名高い鬼怒川温泉をはじめとするいくつもの観光スポットがあり、1981（昭和56）年以降新藤原以北に、野岩鉄道、会津鉄道といった新線・転換線が開業して、会津地方と連絡するようになった。それまでは「盲腸線」の様相を呈していた鬼怒川線は、これらの路線と接続して会津地方へダイレクトに到達できる、新しいチャンネルに姿を変えたのだ。

　そのいっぽうで、東武鉄道の看板列車の浅草発着の有料特急は、午前中は下り列車が東武日光へ向けて多く運転され、逆に上り列車は鬼怒川線内午後発となって数多く運転されている。このスタイルは、日光方面で1日楽

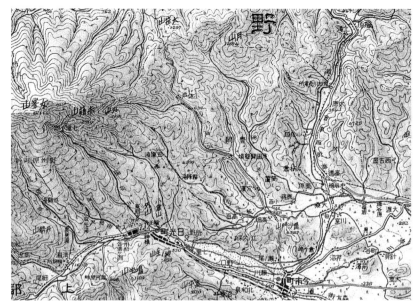

20万分の1帝国図『日光』昭和4年鉄道補入より

しんだあと、鬼怒川温泉の宿に宿泊し、翌日東京に帰るというコースを使いやすいものとしている。

そうした背景から、日光線の支線的な趣も感じられる現在の鬼怒川線だが、日光線が東武鉄道の手によって一気に東武日光まで延ばされたのに対し、鬼怒川線はといえば、開業時から現在に至るまでに経営母体の変更もあって、紆余曲折の歴史がある。

路線の立地を考えれば、この路線が建設された理由は、温泉への観光客輸送かと思いがちだが、実際にはダム建設のための資材運搬を主目的としてのスタートだった。大井川鐵道井川線、黒部峡谷鉄道、富山地方鉄道本線黒部～宇奈月温泉間などと同様の理由だ。

最初の開業区間となったのは、大谷向今市（現・大谷向《だいやむこう》）～中岩（現在は廃止）間で、建設を手がけたのは下野軌道だったが、この路線は762mm軌間であり、工事用の軌道という色合いが濃かった。

その後、下野電気鉄道への社名変更を経て、1922（大正11）年3月には電化を完成させ、将来の発展への備えとした。しかし、肝心の営業成績はといえば、沿線人口が少ないこともあって低迷が続いたままだった。

1929（昭和4）年には東武鉄道の線路が下今市（しもいまいち）に達した。下野電気鉄道は東武鉄道との連絡を図るべく、従来は国鉄（現・JR）駅の方向に延びていた線路を東武鉄道に接続させ、線路幅も東武鉄道と同じ1067mmに改軌した。

それでも下野電気鉄道の業績に目立った変化はなく、ついには東武鉄道が下野電気鉄道を買収。下今市～新藤原間の線路は、東武鬼怒川線となった。

東武鉄道の1支線として多彩な運転を実施

開業以来、「良い時がなかった」下野電気

下野の野を駆ける100系"スペーシア"　2014.11.3　大谷向〜下今市　写真：松本洋一

鉄道だが、皮肉なことに東武鉄道へ編入された頃から営業成績が上向きになりはじめた。無名の湯治場だった鬼怒川線沿線の温泉施設の知名度が上がり、観光客が向かいはじめたのだ。

昭和30年代に国鉄と東武鉄道の間で繰り広げられたシェア争いは、広く知れ渡るところとなった。国鉄、東武とも新形式車を投入するなどして、日光への観光客輸送のつばぜり合いが行なわれたのだが、最終的には東武が1720系"デラックスロマンスカー"を投入したことによって決着が着いた。このとき、東武鉄道はこの地域の魅力スポットを「日光・鬼怒川」という具合にセットにしてPRに勤めた。そして先に記した日光線と鬼怒川線の連絡運輸を実施。他方国鉄はといえば、鬼怒川線のような路線を有しているわけではなく、宣伝力でも東武に1歩遅れをとっていた。こ

のとき、もし、東武鉄道の手札のなかに鬼怒川線という1枚がなかったのなら、あるいはシェア争いの結果も違ったものになっていたのかもしれない。それであれば、東武鉄道による鬼怒川線の買収は、じつに大きな副産物をもたらしたことになる。

その後の接続する他社線の開業によって、それまでは首都圏から遠隔の地にあった会津地方を近くにたぐり寄せ、この地方の新しい魅力が人口に膾炙（かいしゃ）したのも、鬼怒川線の存在あればこそのことだったろう。

蒸機列車の復活運転もアナウンスされる

ダムの建設のために生まれ、沿線の温泉の存在によって一躍クローズアップされた鬼怒川線には、いま、また新しい魅力が追加され

浅草までロングランをする6050系　2012.5.19　新古河〜栗橋　写真：持田昭俊

鬼怒川温泉駅で顔を合わせた1720系デラックスロマンスカー特急「けごん」と特急「きぬ」1974.5.10　写真：交通新聞社

ようとしている。東武鉄道が2017（平成29）年度の運転開始を目標として、鬼怒川線での蒸気機関車の運転をアナウンスしたのだ。使用する機関車としてはJR北海道が所有するC11形207号機を借り受ける予定で、これが実現すれば、下今市〜鬼怒川温泉間で蒸機運転が行なわれる予定だ。そうなれば、鬼怒川線では50年ぶりとなる蒸気機関車の復活になる。2011（平成23）年3月の東日本大震災の発生以来、客足の落ち込みも指摘されていた鬼怒川線沿線だけに、この新しい試みがどのような起爆剤となるのか、今からその日が来るのが待たれる。

伊香保電気軌道
(⇒東武鉄道 伊香保軌道線)

伊香保温泉

- ■ 営業期間：1910（明治43）年10月16日〜1956（昭和31）年12月28日
- ■ 軌間：1067mm
- ■ 区間（廃止当時）：渋川駅前〜伊香保間

峠の公園に保存展示された電車

路面電車でありながら登山鉄道という路線

　路面電車にして登山鉄道。それが東武鉄道伊香保軌道線への評価だった。

　車両のスタイルは、古い時代の路面電車そのまま。渋川市内には併用軌道もあったが、電車が渋川市内を抜けると、あとはすべて専用軌道が続いていた。最急勾配は57.1‰で、この数値は登山鉄道に匹敵するものだ。事実、渋川から伊香保までの間には、途中何カ所ものスイッチバックがあって、電車はつづら折りの坂道をはい上がるようにして、標高697ｍの伊香保へと向かった。この路線の目的地となった伊香保にある温泉は、南北朝時代の発見と伝えられている。伊香保の語源には諸説があるが、アイヌ語のイカホップ（たぎる湯）という説もある。それならば、上州山中のいで湯の町と、近代現代では北方に住まう

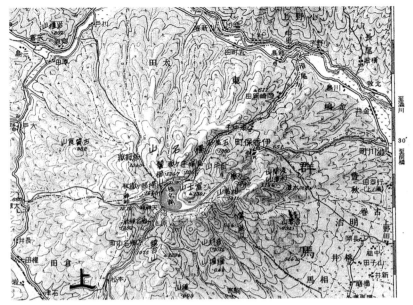

20万分の1帝国図『長野』昭和4年鉄道補入より

先住民の間にどのような交流があって、この言葉が伝わったのだろう……。この不可思議なところに、歴史を辿る面白さがある。伊香保温泉は長い石段がよく知られている。武田信玄の嫡男である武田勝頼が上州を支配していたときに、真田昌幸に命じて石段を整備させたという。武田勝頼は現在JRの飯田線が走る長篠で信長の鉄砲隊に討たれて武田氏を滅亡に導き、真田昌幸は次男の幸村（信繁）と共に上田を拠点に活躍する。この関係には、不思議な糸が絡まっているようにも見える。

さて、伊香保に駅が開設されたのは、1910（明治43）年10月16日で、割と早い時期からこの地域の開発が進められていたことが窺える。伊香保軌道線と総称される路線には、高崎駅前と渋川新町を結ぶ延長20.9kmの高崎線と、前橋駅前と渋川駅前を結ぶ延長14.5kmの前橋線、そして渋川駅前と伊香保を結ぶ延長12.6kmの伊香保線の3つがあったが、最後まで残っていたのが、この伊香保線だった。

伊香保線に配備された特別仕様の電車

伊香保線の開業に備えてラインナップされたのは、1〜3の3両の4輪木造車だった。軌間1067mm、使用電圧600V（直流）、連続する急勾配に備えてウェスチングハウス製の電磁吸着ブレーキを備えてはいたが、これはあくまでも非常用とされ、常用されていたのは手ブレーキのみだった。それに伊香保線の電車は、伊香保から渋川に向かう上り電車では、ポールを架線から外し惰性で坂を下っていたというから、勇ましい話だった。実際に坂を下る列車の脱線事故も起こっていて、犠牲者も発生しているのだが、そのことによって運転方式が大きく変化したという報告もなく、つまりそのようなところにも、公共性が第一という時代が反映されていた。

渋川駅前を発車した伊香保線の電車は、伊

車体は個人で大切に保存していたものが渋川市へ寄贈された　写真：編集部

保市内を抜けると専用軌道上を走り、やがて急な山道を登り始める。急カーブ、Sカーブが連続し、やがて電車は高原地帯へと飛び出す。遠くに赤城山を望みながら線路はなおも坂道を登り、やがて道路とクロスして勾配が緩くなると、電車は終点の伊香保に到着する。駅がある一帯には針葉樹の林が広がり、高原の雰囲気が満ちあふれている。そして、木造2線の電車庫が建つ奥に、背の低い1面2線の頭端式ホームが作られていた。

そんな愛すべき路線も、1956（昭和31）年12月28日限りで廃止される。これで高崎、前橋地区にネットワークを広げていた東武鉄道の軌道線は、すべて姿を消したのだ。伊香保線では廃止の何日も前から車体に装飾を施した電車が運転され、利用客との別れを惜しんでいた。

伊香保の公園で復元車両を保存展示

伊香保軌道線が姿を消してから、もう60年近くが経過している。往時を知る人も多くが鬼籍に入り、渋川と伊香保を結んだ電車の記憶は風化を続けている。

いま、廃線跡を辿って遺構を見つけ出すことは難しい。現役時代から、草深い山道を辿っていた路線だ。そのようななかで、伊香保にある「峠の公園」には、この路線で活躍した電車が復元保存されていて、車両の状態は良好だ。公園には線路を模したタイルや、駅名標を模した案内表示も建てられており、レイルファンにとっては胸の熱くなる場所になっている。昔を知る人がほとんどいなくなってしまったなかで、貴重な歴史の証人は、当

毎月第3日曜の9:30〜15:30は内部が公開される　写真：編集部

時を知らない人たちに守られ、公園を訪れた者に、在りし日の姿を伝えている。

峠の公園には駅名標も設らえられて雰囲気を醸している

電車が保存されている公園から石段下までは500mほど　写真：編集部

草津軽便鉄道
(⇒草軽電気鉄道)

- ■営業期間：1915（大正4）年7月22日〜1962（昭和37）年1月31日
- ■軌間：762mm
- ■区間（最長時）：新軽井沢〜草津温泉間

草津温泉

廃線後の新軽井沢駅はバスターミナルになっていた　1963.7.21

鉄道過疎地帯の草津にも鉄道を

"日本離れした"という言葉で風景を形容するとき、それは、高温多湿な日本本来の気候とは異なる、雄大、でカラリとした気候をイメージさせる風景が続く様子を差しているようだ。それならば、この言葉がもっともよく似合う土地とは、北海道と、長野の高原地帯ということで落ち着きそうだ。ここに登場する草軽電気鉄道も、長野県と群馬県の県境付近で、日本離れした風景のなかを走っていた。そしてそれはとりもなおさず、鉄道の営業には不向きな過疎地帯であり、事実、草軽電気鉄道は1962（昭和37）年2月1日に全線が廃止されている。「日本では数少ない電化された軽便鉄道」「鉱山用の機関車を改造して誕生した電気機関車が走った路線」「途中、いくつものスイッチバックがあった」「日本初のオール天然色の映画のロケ地《『カルメン故郷に帰る』1951年松竹》」など、レイルフ

廃止後しばらく中山道沿いに置かれていたデキ12形No.13　1966.8.19　写真：風間克美（2点とも）

　ァンからいくつもの言葉が贈られた魅惑の路線も、姿を消してから50年以上が経っている。

　草軽電気鉄道の歴史は、1908（明治41）年11月、草津町の有志が「草津興業」の設立を計画したことに始まる。草津温泉は有馬、下呂とともに「日本三名泉」に数えられるほどに名の知れた温泉だったが、鉄道が通ることはなく、どの都市からも遠い場所にあった。一説にはスイスの登山鉄道に着想を得たともいうが、明治期中盤以降になって日本中が鉄道建設ブームに沸いたなかで、この地にも鉄道を敷こうという声が挙がったのは当然のことだったろう。会社名は1912（大正元）年9月17日に、草津軽便鉄道に改められている。

　工事が着手されたのは1913（大正2）年11月25日で、国鉄軽井沢駅前で起工式が挙行され、起点となる駅は新軽井沢と定められた。軌間762mm、蒸気鉄道としての建設だった。この路線の最初の開業区間となる新軽井沢～小瀬間で営業運転が開始されたのは1915（大正4）年7月22日で、機関車にはドイツ・コッペル社製のものが導入された。以後、草津軽便鉄道は部分開業を繰り返しながら、線路を草津へ向けて延ばし、1924（大正13）年11月1日には新軽井沢～嬬恋間を電化。全線の開業を前に、早くも電気鉄道への脱皮が開始されている。線路が終点の草津温泉に達したのは1926（大正15）年9月19日のことで、これで新軽井沢～草津温泉間55.5kmが結ばれた。1939（昭和14）年4月24日に社名変更があり、新しい社名は草軽電気鉄道となった。

独特の風景の中を走った独特の車両

　軽便鉄道の全通によって、草津と軽井沢という2大観光地が鉄道で結ばれたが、利用客は当初の目論みどおりには延びなかったようだ。まず何よりも沿線人口が極端に少ない地域を走っていたことから、恒常的な輸送需要は少なく、貨物列車を仕立てなければならないような有力な産物もあまりなかった。観光輸送にしてもその数は知れたもので、寒冷地を走るゆえに、冬にこの地を訪れる観光客はごくごく限られていた。観光輸送を当て込んで鉄道を開業するには、いささか時代が早す

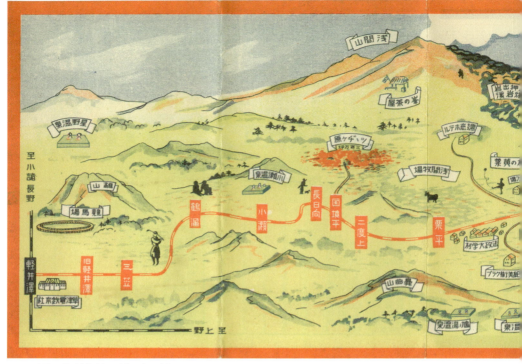

戦前の『沿線案内』 所蔵：山口雅人

ぎたのかもしれない。

　それでも、沿線風景の美しさは屈指のもので、ことに沿線のカラマツが芽吹く春から、夏、初秋までの風景は、まさに日本離れしたものだった。駅舎には、ヨーロッパの山小屋、あるいは彼の地のローカル線の駅を思わせる小振りな木造のものも建てられ、それが別荘の利用にこの地を訪れた乗客たちの艶やかな姿とマッチして、1幅の絵を創り上げていたのである。

　軽井沢から草津への道のりは、国境越えの区間で深い山の中を走ったが、建設費用を抑制する目的からトンネルは1カ所も設けられず、その結果として勾配区間が増え、何カ所ものスイッチバックが設けられた。電化後には電車と電気機関車が導入されたが、電車はもっぱら軽井沢口の区間列車に充当され、全線を走破する列車には電気機関車牽引の列車があてられた。この電気機関車も一風変わった車両で、もともとは鉱山用として作られた小型のバッテリーロコを改造し、新設された運転台の屋根上に背の高いパンタグラフが取り付けられていた。この機関車にいつしか付けられたニックネームはカブト虫。屋根上の無骨なスタイルのパンタグラフが虫のツノに見立てられたのだろうか……。このあだ名はまたたく間に定着した。

映画の中で鉄道が名脇役を務める

　こうした風景が買われたのだろうか、日本初の総天然色（カラー）映画『カルメン故郷へ帰る』のロケが、草軽電気鉄道の沿線で行

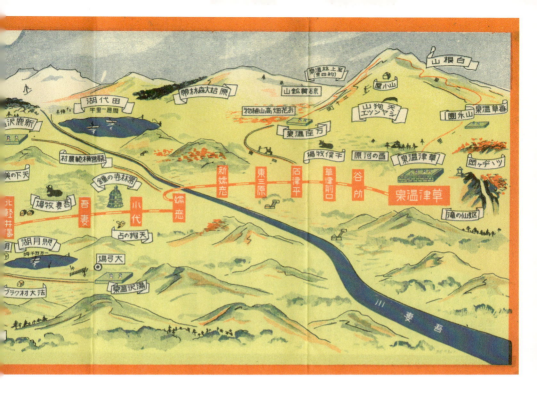

なわれた。映画は、当時人気絶頂だった高峰秀子が、都会でストリッパーをしているということを隠し、スターを装って故郷に帰る、そこで起こる出来事の数々という設定だが、草軽電気鉄道の味のある車両と、美しい浅間山麓の風景もあいまって、コミカルでどこか陰もあるストーリーが、見事な叙情詩に仕立て上げられた。映画が封切られたのは1951（昭和26）年。当時の草軽電気鉄道の姿を知るうえでも、貴重な作品となっている。

こうしていくつもの物語を紡いだ軽便鉄道にも、やがて最後の日がやって来た。鉄道の開通後も沿線人口が増えるようなことはなく、全線を乗り通せばおよそ2時間半という道のりは、あまりにも長いものだった。高速運転には不向きな軌間762mmという規格と、スイッチバックと迂回を繰り返しての山越えでは、スピードアップは望むべくもなかった。

草軽電気鉄道は、1962（昭和37）年2月1日に全線が廃止された。今も当時の電気機関車が軽井沢駅前で静態保存され、かつての北軽井沢の駅舎も残り、草津温泉駅の跡地には記念の石碑が建てられている。国境越えの区間にもいくつかの遺構が残されていることがレイルファンなどによって報告されているが、軌道敷は深い藪に閉ざされ、路線跡を辿ることは困難になっている。もしも、今日も草軽電気鉄道が健在だったなら、草津温泉へのアクセスルートとして脚光を浴びていたかもしれないが、それは、もちろんかなわぬ夢物語だ。

上田温泉電軌
(⇒上田電鉄 別所線)

別所温泉

- ■開通：1921（大正10）年6月17日（三好町《現・城下》～青木間、上田原～信濃別所《現・別所温泉》間）
- ■軌間：1067mm
- ■区間（現在）：上田～別所温泉間

終点で乗客を待つ1000系。現在この編成は、ラッピング丸窓電車になっている　2009.4.4　別所温泉

中世に開湯した別所温泉

　長野県上田市の南西部にある別所温泉は、古く日本武尊（ヤマトタケルノミコト）の東征の折に発見されたという伝説がある。これにちなんで「日本最古の温泉」、あるいは「信州最古の温泉」と呼ばれることもあり、すでに平安時代には温泉場としてその名が知れ渡っていたという。この時代には戦乱によって多くの寺院が焼き払われたが、鎌倉時代の北条氏の流れをくむ塩田流北条氏によって再興が果たされ、この一帯に「信州の鎌倉」とも呼ばれる文化が根付いた。そしていまも、上田から別所温泉にかけての一帯には中世の建造物が多く残されており、その愛称に誇張がないことを理解できる。

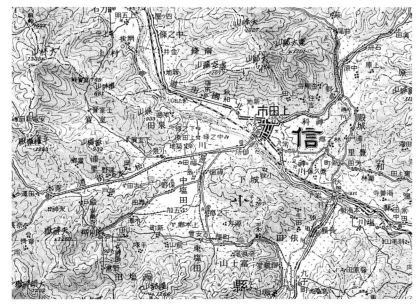

20万分の1帝国図『長野』大正9年製版昭和4年鉄道補入より

　上田という地名を聞いて、まず最初に真田幸村（信繁）のことを思い出す人も多いかもしれない。幸村の父、昌幸が上田城を築城したのは1583（天正11）年のことで、その次男の幸村も、この地を拠点として長く活躍し、歴史読み物にも幾度となく登場する。それもあってだろう、別所温泉には「幸村の隠し湯」という呼び名もあった。

　1918（大正7）年には、別所温泉に村民出資による「花屋ホテル」が開業。このホテルは観光客の利用を目的として建てられたもので、近代的な観光産業の芽生えともいえそうだ。本書のプロローグにも登場いただいた作家の田山花袋が『温泉めぐり』を上梓したのは同年12月のことで、この作品の中で花袋は別所温泉について、「上田附近にも、温泉が二三あった。別所温泉は、中でもすぐれた温泉場としては一番きこえている。（中略）一面、矢張田舎の温泉場というところがあって、かなりに雑踏する。静かに旅の心をすますという訳にはいかない」と記している。花袋は1909（明治42）年に高崎から延びてきた信越本線を利用して上田に立ち、そこからは徒歩か、乗合い馬車を利用して別所温泉に向かったのだろうか……。

鉄道ができて温泉町に活気が生まれる

　この別所温泉まで鉄道が延ばされる日がやって来る。現在の上田電鉄別所線の前身は、1921（大正10）年6月17日に三好町（現・城下）～青木間11.2kmと、この途中上田原から分岐して、信濃別所（現・別所温泉）まで8.7kmを開業させた上田温泉電軌で、その名のとおり当初から電気鉄道としての開業だった。青木へと向かう路線は現在の国道143号上に併用軌道を設けていたが路線延長は長く、青木線が本線、上田原から分岐する川西線（現在の別所線）が支線という位置付けだった。

昔日の「丸窓電車」モハ5250形　1986.2　八木沢～別所温泉　写真：安田就視

当初のターミナルだった三好町は、千曲川の南岸に設けられていたが、架橋工事が完成したことから、1924（大正13）年8月15日には、上田への乗入れを果たしている。

上田温泉電軌の開業時に用いられた車両は、すべて東京の玉川電気鉄道からの転入車だった。電動車7両と付随車4両という内訳で、連結運転が可能であり、車齢もこの時点で15年という比較的若いもので、これだけの車両をいちどに揃えることができた背景には、玉川電気鉄道が東京市電への乗入れ計画に沿って、線路幅を1067mmから1372mmへの改軌を進めていたという背景があった。中古車両の譲渡については、現代でも供給する側と受け入れる側のタイミングがマッチする必要があるといい、これが少しでもずれると、中古車両の運命は大きく変わってゆく。恵まれない環境に転出した車両は、短い期間で用途を終えるわけだが、このときの上田温泉電軌と、玉川電気鉄道の「商談」は、どのように進められたのだろう？　今日でも上田電鉄と東京急行電鉄のつながりは強い。

ともあれ、無事開業を果たした上田温泉電軌は、沿線の開発にも大きく寄与した。鉄道が開通するまでは、別所温泉でも通年営業をする旅館は2軒程度だったというから、やはり鉄道の威力は大きなものだった。

いくどもの経営危機を乗り越え現在へ

上田温泉電軌は、1939（昭和14）年には社名を上田電鉄へと変更し、この年には川西線の路線名も別所線へと改められている。さらに1943（昭和18）年には、丸子電鉄と合併して上田丸子電鉄を名乗る。上田丸子電鉄時代には、上田を中心にして、多方面に路線を延ばし、地方都市にありながら密度の濃いネットワークを構築する。会社名はその後、1969（昭和44）年には上田交通へ、さらに2005（平成

7200系 "まるまどりーむ号" 2007.12.8 中塩田〜下之郷 写真：松本洋一

17）年には現行の上田電鉄へと改められ、この間には路線の廃止や、架線電圧の昇圧とそれに伴う車両の更新が行なわれ、活況を呈した。

そんな別所線も、ご多分に漏れず、昭和中期以降には経営の危機が囁かれた時期があったが、この時期に長野県で国体が開催された際には、選手の宿舎が別所温泉に指定されて鉄道運営の一助とされるなど地域ぐるみの努力もあって、路線は廃止を免れている。

レイルファンにとっては、まだ架線電圧が現行の直流1500Vに昇圧される前の一時代が、面白い時期だった。この路線で働く1927（昭和2）年製のモハ5250形には、楕円形の戸袋窓にちなんで「丸窓電車」の愛称名がつけられ、その名は全国に知れ渡るようになる。しかし、5250形がこの路線随一の車両というわけではなく、雑多な形式が在籍していたのがこの時代で、主電動機の出力にちなんで形式名の最初の2桁が決まるという独特の形式名の振り方は、合理的なようだが、数字から他形式との関係性を推測することは不可能だった。

ある時期に他社から転入した2両編成は、上田口の区間列車に充当されてラッシュ輸送に活躍したが、この限定運用の理由は、当該編成が八木沢〜別所温泉間に存在する40‰の勾配を登ることが困難であること、とレイルファンの間で噂された。もっとも乗務員にとって緊張したのは、ブレーキの扱いに細心の注意が必要だった坂の下りであったというが、そんな混沌も、確かにこの鉄道の魅力となっていた。

いまも別所温泉駅には木造の駅舎が残り、昔ながらの面影がたたえられている。この駅で業務を担当している観光協会の女性職員は、和装に身を包んで駅を発車する電車を見送り、古き良き日に思いを馳せさせてくれる。そして、駅構内には「丸窓電車」モハ5252が静態保存されている。かつて入換えに使用された側線は撤去されてしまったが、落ち着いた佇まいが昔と変わらないことが嬉しい。

長野電鉄 長野線

- ■開通：1927（昭和2）年4月28日（湯田中まで）
- ■軌間：1067mm
- ■区間（現在）：長野〜湯田中間（権藤〜長野駅前《現・長野》間は1928《昭和3》年6月24日開通）

湯田中温泉

2100系"スノーモンキー" 2012.1.12 夜間瀬〜上条 写真：松本洋一

信越本線が通らなかった地域に生まれた私鉄

　かつては長野駅をターミナルとして複数方面に向かう路線網を形成していた長野電鉄も、木島線、屋代線の廃止によって、残されたのは長野線長野〜湯田中間のみとなってしまった。

　この地に鉄道の建設を手がけたのは私鉄・河東（かとう）鉄道で、1920（大正9）年に会社を設立。国によって建設された線路は長野を経由したものの、千曲川の東に広がる河東地方、すなわち松代、須坂、中野、木島といった地域からは離れた場所を走るため、地元の有志によって、新しい鉄道会社が立ち上げられたのだ。河東鉄道は、路線を屋代〜須坂、須坂〜信州中野、信州中野〜木島の3区間に分けて建設し、そのいずれもが大正末期までに完成をみた。いっぽう、長野〜須坂間

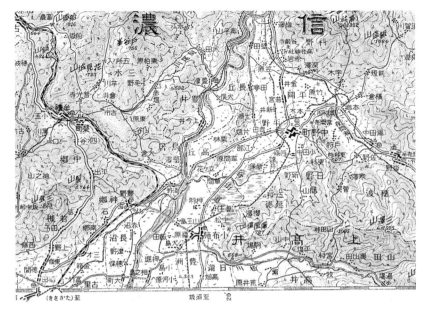

20万分の1帝国図『高田』昭和4年鉄道補入より

の鉄道は、1923（大正12）年に「長野電気鉄道」によって始められ、1926（大正15）年6月28日に、権堂〜須坂間が開業している。同年の9月には河東鉄道と長野電気鉄道が合併し、長野電鉄が生まれた。長野〜権堂間が開業したのは1928（昭和3）年6月24日で、これによって長野〜湯田中間が全通。長野〜権堂間は当初から複線としての開業で、早くもこの時期には、都市交通としての近代化が指向されていたことが解る。

さて、温泉への路線だが、長野電鉄の線路が湯田中まで延ばされたのは、1927（昭和2）年4月で、当時の信州中野〜湯田中間の路線名は「平穏（ひらお）線」だった。この名前は当時の地名平穏村にちなんだもので、路線名は同年8月には「山の内線」に改められ、地名も山ノ内町に改められている。

山の内線の終点として設けられた湯田中駅は、立地の関係からスイッチバック構造で、長野方面からやって来た電車は、いったん引上げ線に入ったのち、進行方向を変えてホームに据え付けられていた。この構造は、改修によって2006（平成18）年9月に姿を消しているが、終点でスイッチバックを行なう電車にはのどかな雰囲気も感じられ、それが温泉街の入口に建つ駅舎によく似合っていたようにも感じられる。

国鉄の特急にも負けない サービスを展開

文献に残る湯田中温泉の歴史も古い。開湯は今からおよそ1350年前の天智天皇の時代だという。源泉が地表に近いところにあるのが特徴であるとされ、田んぼのなかに湯が湧き出ていることから「湯田中」という地名が生まれた。以後、中世、近世を通じて温泉場の賑わいは続き、明治期にはこの地に遊郭が建てられたという記録もあるから、一大歓楽地に成長していたのだろう。この地に鉄道が延

終点で仲良く並んだ在りし日の2000系（左）と2500系（右）　1985.10　写真：安田就視

　ばされてきたのも、当然のことだった。
　戦中、終戦直後の混乱期を経て、国民に生活の余裕が生まれはじめた1949（昭和24）年に上信越高原国立公園への指定を受けたことで、志賀高原と湯田中を始めとする山ノ内温泉郷への観光客が急増した。これに対応して長野電鉄では、輸送力の改善を実施。その集大成として、1957（昭和32）年3月には特急電車の運転が開始された。
　長野電鉄初の特急には、自社発注によって新製された2000系が充当され、「しらね」「よこて」「しが」「かさだけ」「いわすげ」といった列車名が採用された。特急の運転は1日5往復で、それぞれに列車名が付けられた。
　特急の車内には、戸袋部を除いて回転式クロスシートが設置され、今日でいうところのアテンダントが乗車。女性社員を選抜し「特急ガール」として、旅客サービスを行なっている。同時代の国鉄に目を転ずると、この前年の秋に東海道本線の全線電化が完成し、これに合わせて特急「つばめ」「はと」が、使用する客車の塗色を「青大将」と称されたライトグリーンに変更。「つばめガール」「はとガール」と呼ばれた女性アテンダントが乗務を開始している。長野電鉄の「特急ガール」もこれにならったのだろう。地方私鉄でありながら特急列車の運転を開始し、一世を風靡した「つばめガール」「はとガール」の向こうを張ったサービスの開始……。きっと当時の鉄道員も、あるいは乗客も、晴れやかな気持ちで特急の旅を楽しんだに違いない。こうして、天智天皇の時代に開湯したとも伝えられる名湯へ続く道は、昭和30年代初頭に、一気に近代的な姿に変身した。

新形式車両の導入にも積極的な姿勢が

　地方都市を中核とする私鉄でありながら先進の気概に満ちた長野電鉄の社風はその後も

48年間の活躍に終止符を打った2000系D編成　2012.3.29　延徳〜桜沢　写真：持田昭俊

「鉄道友の会」の1967年ローレル賞を受賞したO系"OSカー"　1967.7.2　権堂　写真：交通新聞社

元小田急電鉄10000形の1000系"ゆけむり"　2007.12.10　信濃竹原〜夜間瀬　写真：松本洋一

変わることなく、"OSカー" O系、"新OSカー" 10系といった新形式通勤型電車も導入し、おおいに注目されることになる。1981（昭和56）年3月1日には、長野〜善光寺下間の連続立体化（地下化）を実施。長い間2000系を用いて運転されてきた特急は、2006（平成18）年に元・小田急電鉄10000形を使用した1000系"ゆけむり"に替わり、さらに2011（平成23）年2月には、元・JRの253系を使用した2100系"スノーモンキー"の運転も開始され、地方鉄道の退潮が続く現代という時代のなかで、明るい話題を提供している。

　この長野電鉄が登場する文学作品のひとつに、東海林さだおさんの『信濃路タヌキ食味記』（『ショージ君のぐうたら旅行』《文春文庫》に収録）がある。東海林さんは、タヌキを食すべく信州の山田温泉に向かい、長野から須坂まで長野電鉄に乗車する。ただしその描写は「長野電鉄は、通勤電車であるらしく、勤め帰りのサラリーマンや、中高生がたくさん乗っている」と、いささかそっけない。どうやら長電自慢の特急ではなく、普通電車に乗ってしまったようだ。もし、このとき、真っ先にやってきたのが2000系だったなら、これから温泉に向かう人たちの、朗らかな表情が描写されていたのかもしれない。

筑摩電気鉄道
（⇒松本電気鉄道 浅間線）

浅間温泉

- ■ 営業期間：1924（大正13）年4月19日〜1964（昭和39）年3月31日
- ■ 軌間：1067mm
- ■ 区間（廃止当時）：松本駅前〜浅間温泉間

終点浅間温泉駅に独り佇む2重屋根のボギー車デハ4　1963.7.20　写真：風間克美

静かな温泉の町に延びていた路面電車

　自動車全盛となってしまった今日に、かつてほどの賑わいはないのだが、長野県の松本を起点とする私鉄・アルピコ交通は、首都圏在住のアルピニスト御用達の鉄道だ。北アルプスの玄関口のひとつ、上高地に早朝に到着したければ、上高地行きバスのターミナルがある新島々まではアルピコ交通上高地線を利用することになり、夏の最盛期には、私鉄では珍しい4時台の電車も運転される。全長14.4kmのローカル線は、夏の一時期には、ほかの季節とはまったく異なる顔を見せる。

　ところで、1964（昭和39）年末までは、やはり松本を起点として、松本電気鉄道（現・アルピコ交通）のもう1本の路線が運転され

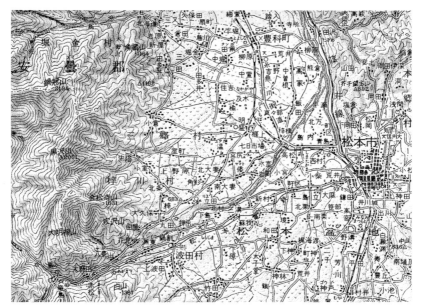

20万分の1地勢図『高山』昭和35年9月30日国土地理院発行より

ていた。それが浅間線だ。

　終点の浅間温泉まで、全長わずか5.3kmのこの路線が開業したのは1924（大正13）年4月19日で、当時の社名は筑摩電気鉄道。軌間1067mm、架線電圧直流600Ｖ（1958《昭和33》年11月1日に750Ｖに昇圧）、軌道法に準拠した開業だった。

　松本市の中心部から北東方向に、自動車利用ならばおよそ10分の距離にある浅間温泉。その存在は飛鳥時代には人々に知られていたといい、近世には松本城に居住する武将が通ったとも伝えられている。松本市民にとって格好のレクリエーションスポットとなっていたこの温泉への足として軌道の建設が立案されたのは、明治・大正の鉄道創業ブームのもとでは、極めて自然なことだろう。

　1920（大正9）年10月に工事の申請が行なわれたのち、着工。1924（大正13）4月19日に、全線の開業をみた。

　起点の松本駅前から、浅間線の線路は道路上を走り、途中、日の出町電停までが併用軌道となっていた。この電停はかつての「ジャスコ東松本店」の正面付近に設けられていたが、全線の廃止よりもひと足早く姿を消していたという。

　そして、日の出町から浅間温泉までが専用軌道となっていた。路線が廃止されてからしばらくの間は、軌道敷の跡は松本電鉄バス（現・アルピコ交通バス）の専用道として使用されていたというが、もちろん、現在はすべて道路、あるいは宅地に姿を変えてしまった。

　終点、浅間温泉は、温泉街のほぼ中央に設けられていた。温泉街といっても数軒の小さな旅館が並んでいるというもので、歓楽街のようなものもない、山裾に広がる小さな町だ。全長5kmあまりの短い路線だが、浅間温泉には小さいながら2階建ての駅舎が建ち、入換にでも使用するのだろうか、機回し線もあって、終着駅らしい佇まいを見せていた。それも今は昔。路線の廃止後に設けられていた

早朝の国鉄（当時）松本駅前に出てきた1番電車　1963.7.20　写真：風間克美（2点とも）

バスの営業所すら今はなく、かつての駅周辺は宅地に転用されている。

花見の時期には満員の乗客を運ぶ

運営規模の小さな路線だったから、この路線で使用された車両も少なかった。開業当初に使用されたのは、同社の島々線（現・上高地線）で使用されていた電車を、軌道での使用に備え、ステップを改造するなどして転用したもので、まずデハ1〜3の3両が浅間線に入線した。いずれも2軸の小型木造車で、元を辿れば島々線の開業時に導入された車両だった。

しかし、浅間線での活躍の期間は短く、1926（大正15）年11月には、同じ長野県を走る私鉄・布引電気鉄道に譲渡されている。布引電気鉄道は同年の12月に開業した鉄道で、デハ1〜3は、3度路線の新規開業に立ち会うという興味深い運命を辿ることになった。

デハ1〜3の転出と同時期に入線したのが、デハ4・5の2両で、こちらはダブルルーフを備えたボギー車となり、車両の近代化が進められた格好となった。さらにこの翌年には、増備車としてデハ6〜8が入線し、さらに1929（昭和4）年にはもう1両のボギー車デハ10が入線して、浅間線は6両の陣容となった。1931（昭和6）年には車両の改番が実施されているが、車両の転出、転入などはなく、浅間線は線路の廃止時まで、6両の木造電車によって運転されるというかたちが守られ続けたのである。

こうして平穏に営業が続けられていた浅間線にも、やがて時代の波が押し寄せる。多くの路面電車と同じように、浅間線も併用軌道

温泉入口の踏切にさしかかるデハ8。軌道跡は現在大通りになった

の存在が、自動車の渋滞を招く元凶と目されるようになった。1955（昭和30）年には、当時の松本市長が軌道の撤去を求めるようになったといわれ、これには沿線住民からの反対運動も起こったが、結局、それから9年ののちに、浅間線の軌道は撤去された。

浅間温泉の周辺には市営球場などのスポーツ施設があり、この一帯がサクラの名所でもあったことから、春には花見客が大量に押し寄せ、車掌が排障器の上に追いやられるというひとコマもあったという浅間線だが、そのような風景も見られないものとなってしまった。

現在は、廃線跡も明確なものは残っておらず、櫛形のホーム2面2線が設けられていた松本駅前駅の跡地にはバスターミナルやコンビニエンスストアが建ち、ここから日の出町まで3.7kmの長さがあった併用軌道も、何の変哲もない道路となっている。ここはかつて「電車通り」と呼ばれていたというが、その名称も死語となったようだ。それも当然のことだろう。線路が消えてもう50年以上経っている。

急カーブがあって、時々脱線が発生していたという学校前。松本駅前からまっすぐ東に向かって延びてきた線路は、ここで北向きに90度進行方向を変えていた。「学校」とは旧制松本高等学校を指す。作家の北杜夫、紀行作家の岡田喜秋氏などを輩出した名門校だ。

線路はここから北へ延び、最後に右へ緩く曲がって終点の浅間温泉に到着する。先に記したように、ここには木造駅舎が建ち、静かな温泉町のシンボル的存在となっていた。木造の駅舎については、終点のひとつ手前、中浅間駅のものが比較的近年まで姿をとどめていたが、それも90年代の初頭には取り壊されてしまった。

小田原電気鉄道
(⇒箱根登山鉄道)

早川渓谷にかかる高さ43m、長さ70mの早川橋梁を渡る　1979.6　写真：交通新聞社（2点とも）

かつて三線軌条区間だった風祭駅に停車する小田急ロマンスカーＳＥ車とモハ3形115

箱根温泉郷

- ■開通：1919（大正8）年6月1日（箱根湯本～強羅間）
- ■軌間：1435mm
- ■区間（現在）：小田原～強羅間

国有鉄道のかわりに建設された鉄道

「天下の嶮」とも称された箱根の山に挑む箱根登山鉄道。最急80‰の勾配は、大井川鐵道井川線にアプト式鉄道で90‰が誕生するまで日本の鉄道で最急のものだった。国際観光地を走る登山鉄道には、のどかな"温泉の電車"というイメージはやや稀薄ではあるが、わが国を代表する温泉地である箱根の真ん中を走る電車をカウントしないわけにはいかない。確かに、この電車が宮ノ下を通るあたりでは、電車の窓が開いていれば、温泉場につきものの硫黄の匂いが流れてくるかもしれない。この登山鉄道の温泉電車たるゆえんだ。もっとも、空調が完備された現代の電車は、窓を開けて走ることも、めっきり少なくなってしまったが……。

　箱根に温泉が見つかったのは、遥か奈良時代のことという。江戸時代には東海道が整備されて箱根宿が設けられた。五十三次の宿場のなかでもっとも栄えたのは小田原宿で、

1934（昭和9）年のパンフレットより　所蔵：山口雅人

これは次の日の箱根越えに備えて、誰もがここで1泊をしたからだろう。それでは2番めに栄えた宿場はどこかというと、これは品川宿だったという。日本橋を発った旅人以外にも、江戸から多くの人が遊びに訪れたそうだ。思いつくことは昔の人も現代人と何も変わらない。

　時代が明治になると、東海道に沿って鉄道が敷設されたが、新橋から延びてきた線路は国府津で北へ折れてしまい、山北、御殿場を経由して沼津へ抜け、小田原も箱根も通らなかった。比較的平坦なそのルートの存在を、鉄道建設のための調査に訪れていた技師に教えたのは、箱根湯本の老舗旅館の主人だったと伝えられるが、それまでは栄えていた小田原の人々はこの事態に危惧を抱き、国府津〜小田原〜湯本を結ぶ馬車鉄道の建設が計画される。国有鉄道の替わりに、自らの手で鉄道を持とうというわけだ。

　こうして1888（明治21）年2月に小田原馬車鉄道の建設が開始され、同年10月には、国府津〜湯本間が開業する。開業後の馬車鉄道は人力車操者などからの執拗な反対運動にさらされるひと幕もあったが、湯治客の増加を呼んだという。この馬車鉄道は1896（明治29）年には社名を小田原電気鉄道へと改め、1900（明治33）年3月21日に全線で電気運転を開始した。それは全国で4番めの電気鉄道の開業だった。

登山鉄道が箱根の地図を塗り替える

　1907（明治40）年。スイスの登山鉄道を視察した財界の名士によって、「海外観光誘致のため、風光明媚な箱根の山に、スイスを規範として登山鉄道を敷設すべき」という強い働きかけがあった。この名士が誰なのか、箱根登山鉄道の社史『箱根登山鉄道のあゆみ』には「わからない」と記されているが、この

急カーブがＳ字状に連続し、スイッチバックで急勾配を登るモハ１形103　1979.6　出山信号場　写真：交通新聞社

働きかけをきっかけに、「当時としては常識を超えた計画」「奇想天外な夢」（『箱根登山鉄道のあゆみ』）が実現に向けて動き出す。小田原電気鉄道は総力を挙げて計画の実現に乗り出し、1912（大正元）年９月に湯本（現・箱根湯本）〜強羅間の建設工事に着工している。

しかし、土木技術が未発達だった時代の本格的な山岳鉄道の建設は難工事の連続となった。最大の難関は早川に架かる架橋工事で、工事に際しては河原から高さ43mの橋の位置まで、木製の足場が組まれた。

宮ノ下から二ノ平（現・彫刻の森）までの間はトンネルが掘削される予定だったが、これも工事が温泉脈に悪影響を与えることが懸念され、ルートを変更することになり、小涌谷を経由する現行のルートが選ばれ、途中区間には半径30mという急曲線も存在することになった。わが国を代表する登山鉄道の建設には、温泉の存在が深く関わっていたのだ。

箱根湯本から強羅までの全通は1919（大正８）年６月１日のこと。小田原電気鉄道は、1928（昭和３）年８月には箱根登山鉄道株式会社として、新しいスタートを切っている。

登山鉄道の開通は、箱根の観光を一変させた。現在でこそ登山電車の終点であり、ケーブルカーとの乗継ぎ駅となっている強羅も、明治中期までは、ただ雑木林が広がるだけの高原だったといい、鉄道が開通する以前に箱根で利用されていた交通機関といえば、人力車、馬、駕籠（かご）、それに「チェア」と呼ばれた輿（こし）の１種などしかなく、自動車は料金が高額であり、しかも道路が舗装されていなかった時代は、快適な乗り物とは言い難かった。登山鉄道は、箱根を誰もが楽しめる観光地にしたのだ。強羅〜早雲山間の

小田急5000形VSE車などを手掛けた「岡部憲明アーキテクチャーネットワーク」によるデザインの3000形 "アレグラ" 2014.12.9 大平台～出山信号場 写真：持田昭俊

ケーブルカーの開業は1921（大正10）年12月1日。早雲山～桃源台間を結ぶ箱根ロープウェイの全通は1960（昭和35）年9月7日、現在は海賊船風の船を運航している箱根観光船の初就航は1950（昭和25）年のことだった。登山鉄道が開通しなければ、箱根の地図も、今とはまったく異なっていたに違いない。

鉄道会社の定時運転への気概

開業後の箱根登山鉄道は、1923（大正12）年9月1日に発生した関東大震災に見舞われたり、経営的に苦しい時期があったとも伝わるが、経営規模が縮小されるようなことはなかった。戦後、乗用車の普及で観光地の渋滞が恒常化し、定時運転が確実な鉄道が再評価されるという、江ノ島電鉄などにも見られる事例が、この箱根登山鉄道にも当てはまるかたちとなった。観光シーズンには箱根湯本駅に乗車待ちの長い列ができるようになり、3両編成へ輸送力増強されたのは1993（平成5）年7月で、あわせて塔ノ沢駅ではトンネルを拡幅して分岐器が敷設され、駅の有効長が延長された。

箱根登山鉄道が、必ず全国ネットのテレビ中継に登場するのは、正月の『箱根駅伝』の開催時で、宮ノ下駅近くの、「電車がランナーの通過を待つ」踏切が映される。レースに際しては、係員が現場に出向き、無線電話とワンセグのテレビ受像器を使用してランナーの現在位置と電車の位置をリアルタイムで確認し、電車の通過、停車の判断を行なっている。「447列車は？」「出山信号場を出発」「先頭は？」「函嶺洞門通過」「今年は電車と選手の競争だな」踏切ではそんな会話が交わされ、小さな鉄道の定時運転にかける気概が感じられる。

東海北陸近畿山陰地方

伊豆急行 ／ 豆相鉄道⇒伊豆箱根鉄道駿豆線 ／ 黒部鉄道⇒富山地方鉄道本線 ／ 温泉電軌⇒北陸鉄道加南線 ／ 四日市鉄道⇒近畿日本鉄道湯の山線 ／ 神戸有馬電気鉄道⇒神戸電鉄有馬線 ／ 米子電車軌道

伊豆急行

東伊豆の諸温泉

■開通：1961（昭和36）年12月10日
■軌間：1067mm
■区間（現在）：伊東～伊豆急下田間

"アルファ・リゾート21"　2014.9.6　川奈～富戸　写真：松本洋一

1961年に開業した新しい観光鉄道

　東伊豆の海岸線に沿って南北に走り、伊東と伊豆急下田の間45.7kmを結ぶ伊豆急行が開業したのは、1961（昭和36）年12月10日のことだ。鉄道としての歴史は比較的浅く、昭和30年代中期ともなれば鉄道の最大の競争相手である乗用車も普及していたが、伊豆半島は急峻な山が海岸線近くまで迫っていたことから道路の発達は遅れており、鉄道開業の意義は大きかった。

　伊豆急行は当初より国鉄（現・JR）からの直通運転を行なうことを前提として建設工事が進められている。「いでゆ」の愛称が付けられていた東京～伊東間運転の準急列車を伊豆急下田まで延長運転するというのが当初の計画で、このために、私鉄の路線であっても高規格で建設されたことが大きな特徴となった。具体的には最急勾配は25‰以下、曲線半径300m以上で、12駅全駅（開業当時）で20m級電車10両編成の交換が可能となっている。このことから、伊豆急行の路線の雰囲気は、全線が単線でも、数多くの私鉄とはどこか異なる、ゆったりとしたものとなった。

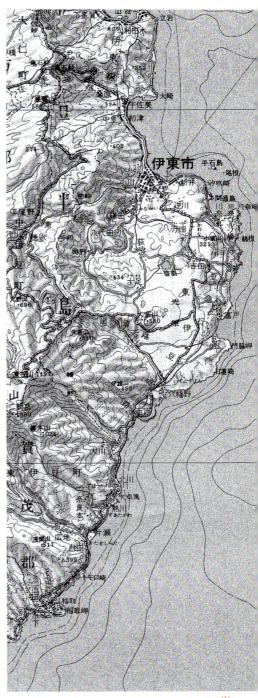

20万分の1地勢図『横須賀』昭和43年7月30日国土地理院発行より

　開業時には100系と総称される自社発注の電車22両が用意された。基本的な仕様は客室にはセミクロスシートを配置し、153系など当時の国鉄急行型電車に比べても遜色のない居住性が提供された。車体塗色は、上部をオーシャングリーン、下部をハワイアンブルーという明るい塗り分けとして銀色の帯を巻き、いかにも観光地の海辺を走る電車によく似合ったものとして利用客を喜ばせた。

　特筆すべきは、22両のうちの2両が、私鉄では珍しい半室1等車（現在のグリーン車）として製作されたことだろう。これも国鉄との直通運転を行なうことを考慮してのもので、国鉄で伊豆にやってきた乗客に、社線内でのサービスダウンを強いないための方策だった。もう1両、私鉄としては破格の存在だったのがサシ191形で、私鉄では唯一の本格的な食堂車となるこの車両は、サントリーからの寄贈によって、1963（昭和38）年4月に営業運転を開始。車内では軽食や飲み物が提供され「スコールカー」の愛称で親しまれた。残念なことに1両のみの運転では、乗務員のマネジメントも含めていかにも効率が悪く、乗客の車内滞在時間が短いこともあってじゅうぶんな収益を上げることができずに、後年には普通車に改造されてしまうが、伊豆急の歴史を語るうえで欠かすことのできないエポックメーカーとなっている。

伊豆熱川駅に停車中の在りし日の100系　1974.5.10　写真：交通新聞社

開業直後には他社からの車両の借入れも

　さて、伊豆急行の開業時だが、運転ダイヤにしても今日からは想像が難しいほどのんびりとした雰囲気でスタートが切られた。開業時は25往復体制だったが、列車はほとんどが2～3両編成であり、サロハ1両を含む5両編成の100系が伊東線を経由して熱海まで乗り入れた。準急「伊豆」は153系、週末運転の「おくいず」は80系を使用して運転され、もちろん非冷房の車両だ。今日とはおおいに異なる鉄道の姿がそこにあり、だからこそ、高水準の100系を導入した先進性が浮き彫りにされた格好となった。そんな伊豆急行も、海水浴客運搬が実施される夏期には車両不足が生じ、系列会社である東京急行電鉄から7000系電車などを借りるひとコマもあった。こうしたエピソードにも、海水浴客が減り、乗用車利用が一般的になってしまった今日とは異なる、昭和中期の風景がある。

　伊豆急行の利用客は、日本の高度成長、旅行ブームの到来を背景として順調に増え続けた。1969（昭和44）年4月には、伊豆急行を走る初めての特急として、東京発の「あまぎ」が伊豆急下田まで乗り入れた。「あまぎ」を名乗る列車は、それまでにも不定期準急として東京～伊東間などに運転されていたが、晴れて特急格上げとなり、車両には"日光形"157系電車が使用された。157系はそれまでにも急行「伊豆」などに充当されていたが、非冷房（のちに冷房化）ながら151系"こだま形"に匹敵する客室設備を備えており、157系が充当されていた急行「伊豆」を特急へと名実ともに格上げしたのである。特急「あまぎ」は、1976（昭和51）年3月には使用車両が183系へと改められているが、以後、伊豆を走る看板列車の位置に長く君臨することになる。

晴れた日の相模灘の眺めは格別だ　2012.7.19　写真：持田昭俊

観光鉄道としての新たな試み

　高度成長の時代を経て発展を遂げてきた伊豆急行が、観光鉄道としての新たな提言として、従来の鉄道車両の常識からは大きく飛躍した新型車両2100系"リゾート21"をデビューさせたのは、1985（昭和60）年のことだった。この時期には在来の100系が更新期を迎えており、当初はその後継車である1000系の増備が計画されたが、ここで社内の上層部から計画の見直しを求める声が挙がり、もっと斬新な、注目度が高くなる車両が新製されることになった。

　当初、設計会議は遅々として進展しなかったという。車両設計のプロには長年培われてきたノウハウがあり、しかし、その"常識"が邪魔をして、斬新なアイディアが生まれることがなかったのだという。会議には車両に対する専門知識を持たない者や、外部のデザイナーも参画して進められ、その結果として、「左右非対称」「海を向いたシートの配置」「運転台背後には階段状の展望席を設置」というこれまでの鉄道車両では考えられなかったデザインが採用され、21世紀のリゾートを先取りするという意味を込めて"リゾート21"という愛称が贈られた。運転開始直後は、豪華な客室設備を備えたこの車両を特急専用と勘違いし、乗車をためらった地元利用客もいたというが、定員の減少や、運用効率の低下を懸念することなく、まさに時代の先取りをした車両を投入したことは、観光鉄道の面目躍如といったところだ。2100系で採用された斬新な意匠は、その後に登場する各地の鉄道車両にも大きな影響を与え、それまでの常識に背を向けたチャレンジが、新しいスタンダードを確立した。

豆相鉄道
（⇒伊豆箱根鉄道 駿豆線）

中伊豆の諸温泉、修善寺温泉

- **開通**：1898（明治31）年5月20日（豆相鉄道三島町《現・三島田町》～南条《現・伊豆長岡》間）
- **軌間**：1067mm
- **区間（現在）**：三島～修善寺間

修善寺駅を発車する3000系　2015.12.12　写真：編集部

伊豆の地が産んだ数多くの文学

　伊豆半島の魅力を語るときに、温泉の存在を欠かすことはできない。東、中、西、南……。伊豆にはそれぞれに魅力的な温泉があって、事あるごとに、その地を訪れることの楽しさを語りかけてくる。いまは三島と修善寺を結んでいる伊豆箱根鉄道駿豆線も、温泉との関わりが強い路線である。

　終着駅・修善寺も湯の町だ。そして多くの文人に愛された土地でもある。川端康成は自らの伊豆への旅行を代表作『伊豆の踊り子』へと昇華させた。このあたりは、漱石と『坊っちゃん』にも似た関係性を見い出すことが

駿豆鉄道時代。20万分の1帝国図
『静岡』昭和5年鉄道補入より

できそうだ。青年と踊り子が出会った橋とは、修善寺にあるという。

『半七捕物帖』を誌した岡本綺堂の、もうひとつの代表作には『修善寺物語』がある。修善寺に残された伝説を題材にした作品だ。

漱石は修善寺の温泉旅館で病気療養に努めた。それは1910（明治43）年だから、松山への赴任から6年後のことになる。漱石は修善寺で生死の境をさまようが、体は無事に快方に向かい、著作活動へと戻ってゆく。

芥川龍之介は修善寺を舞台に『温泉だより』を書き、泉鏡花、島崎藤村、井伏鱒二らにも修善寺を舞台にした作品がある。

昔の作家がなぜ温泉に逗留したのかを面白く分析したのは、作家の嵐山光三郎さんで、かいつまんでその理由を紹介させていただくと、"喧噪・雑事から逃げ出すことができ、自由が利いて、好きなときに入浴ができることが気分転換になるから"だという。確かにその環境で仕事ができるなら理想的である。ただし、温泉には向かったものの、何の成果も得られずに帰ってくるという例も、ありはするようだ。

中伊豆に線路の敷設を開始したのは豆相鉄道で、まず1898（明治31）年5月20日に、三島町（現・三島田町）〜南条（現・伊豆長岡）間、軌間は1067mmで、蒸気鉄道として開業した。これが現在の駿豆線のルーツとなるわけだが、豆相鉄道は小さな鉄道会社の多くの例と同じように、この後、合併や路線の譲渡を繰り返している。修善寺まで線路が延びてきたのは、開業から少し時間の経った1924（大正13）年8月1日で、これによって駿豆線が全通を果たした。このときの会社名は駿豆鉄道だった。

韮山反射炉が「世界遺産」に登録されて活気に溢れる伊豆長岡駅　2015.12.5　写真：編集部

ユニークな国鉄準急が乗り入れた

　三島～修善寺間を全通させた駿豆鉄道が、発展を遂げてゆくのは戦後だ。1949（昭和24）年10月9日からは東京発の準急「いでゆ」の乗入れ運転が開始された。のちに一世を風靡することになる80系"湘南電車"の登場前のことで、「いでゆ」は客車で編成された準急だった。逆に考えてみれば、それだけ早い時期に国鉄が私鉄への乗入れを開始していたということになり、国鉄も伊豆という土地の価値をじゅうぶんに認めていたのだろう。

　続く1950（昭和25）年には、準急「あまぎ」の乗入れ運転が開始される。「あまぎ」は伊豆急行の項（70ページ）にも記したように、のちに特急に格上げされて、長く伊豆へ走る特急として活躍することになるが、この列車もまだこの時点では客車を使用した準急列車だった。

　一風変わった列車が、1965（昭和40）年10月1日から乗入れ運転を開始した準急「するが」で、これは大垣発の準急だった。その列車名のとおり、静岡県東部へのアクセスに主眼が置かれていたのだろうが、大垣を出て名古屋を経由し、東海道本線をひた走ってきて東京には行かず、三島から南下して修善寺に向かっただから、やはり伊豆への憧れが具現化された運転だったといえる。

　1967（昭和42）年9月30日からは準急「常磐伊豆」が乗り入れてきた。常磐線平（現・いわき）発のこの列車は、首都東京を通り過ぎて、駿豆線に乗り入れたのだ。これよりひと足早く、1961（昭和36）年3月には同様の意匠の「湘南日光」が登場していた。この列車は日光発で東京を通り過ぎ、伊東まで走った。準急「常磐伊豆」は、そのバージョン違いといった感があるが、これらの列車のユニ

中伊豆を駆けるステンレス車体の7000系　2014.9.6　原木〜韮山　写真：松本洋一

ークなスタイルの運転は、きっと多くの利用者に、鉄道で旅することの楽しさを、存分に教えてくれたことだろう。

現代でもさまざまな列車が乗り入れる路線

　ユニークな運転で利用者を喜ばせた昼行の優等列車も、東海道新幹線が開通し、さらに山陽・九州方面への延伸を果たすと、全国の列車運転体系は、新幹線を基幹に据えたものとなった。在来線を走る列車は、新幹線との駅と各地の主要駅を結ぶフィーダー列車の色合いを濃くするようになり、その潮流は現在まで続いている。

　そういったなかで久々に注目された昼行特急が「踊り子」だった。新鋭185系電車が投入され、登場時は白い車体に緑の斜めストライプ3本という、それまでの特急にはなかった斬新なデザインで注目された。まず営業列車として運転を開始したのは急行「伊豆」だったが、この車両を使用して伊豆へ走る新しい特急が生まれるとアナウンスされて、愛称名が公募された。その結果は圧倒的多数で「踊り子」と決まった。新幹線の開業以降、脇役の座に甘んじつづけた感のあった在来線特急にもスポットライトが当たった格好となり、それは同じく特急「踊り子」が乗り入れる伊豆急行とともに、この伊豆箱根鉄道駿豆線のイメージアップにも、大きく寄与した。

　2015（平成27）年3月14日には「上野東京ライン」が開業した。同年8月には、このルートを利用した「踊り子115・114号」が、大宮〜伊豆急下田・修善寺間に運転され、往年の「湘南日光」を彷彿とさせたのである。このような運転が行なわれるのも、駿豆線の沿線に多く温泉があり、利用客を引きつける魅力となっているからに違いない。

黒部鉄道
（⇒富山地方鉄道 本線）

■開通：1923（大正12）年11月21日（黒部鉄道桃原《現・宇奈月温泉》まで）
■軌間：1067mm
■区間（現在）：電鉄富山〜宇奈月温泉間

宇奈月温泉

駅前の温泉噴水から湯けむりが漏れてくる　2013.1.31　宇奈月温泉　写真：松本洋一

電源開発を目的に建設された鉄道

　地図を広げてみれば、北陸地方が温泉の宝庫であることをすぐに理解できるだろう。福井、石川はもちろん、富山にもいくつもの温泉があって、地形を描いた平板な図面のなかでの美しい彩りとなっている。富山県下にネットワークを構築している地方私鉄の雄・富山地方鉄道の沿線にも、温泉は少なくない。

　そのなかでも、毎年多くの観光客を集めているのが宇奈月温泉だ。この温泉の本格的な開発が始められたのは大正の初期のことで、黒部川の上流にある黒薙（くろなぎ）地域からの引き湯が行なわれるようになり、大正の末期までには温泉街が形成されるまでになる。

　宇奈月に線路が延びてきたのは、1923（大正12）年11月21日で、現在の富山地方鉄道本線の一部の前身にあたる黒部鉄道の手によって、下立（しもだて）〜桃原間が開業。これによって黒部鉄道の既存の路線と合わせ、三

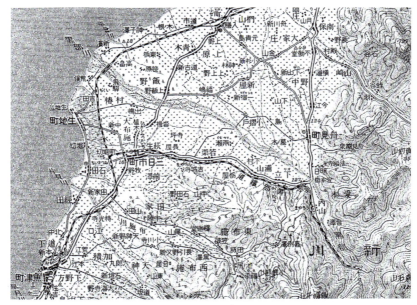

黒部鉄道時代。20万分の1帝国図『富山』大正13年鉄道補入より

日市〜桃原間の線路がつながった。三日市とは現在の黒部、桃原とは現在の宇奈月温泉だ。

ただ、この時に線路が延ばされた目的は、温泉への観光客輸送ではなく、黒部川の水力を活かした電源開発にあった。黒部鉄道は、日本で初めてとなるアルミニウムの精錬を計画した東洋アルミナムが子会社として設立したもので、その目的はアルミ精錬に必要とされる電力を確保するために、黒部川に発電所を建設することになり、資材運搬用として鉄道の建設が進められたのである。

黒部鉄道は1067mm軌間を採用し、直流600Vによる電化を実施。1930（昭和5）年には、三日市から石田港までの線路も完成して、電源開発の準備は着々と進められた。

いっぽう、富山から日本海に沿うかたちで路線を延伸していたのが富山電気鉄道だった。この会社も、現在の富山地方鉄道の前身のひとつだ。富山電気鉄道の線路は1936（昭和11）年10月1日に三日市に達し、これによって国鉄（現・JR）を利用しなくても富山から宇奈月に達するルートが完成したことになる。こののち、黒部鉄道は親会社の東洋アルミナムの日本電力との合併などを経て、最終的には富山電気鉄道の傘下に入る。そして1943（昭和18）年には、戦時中に施行された交通機関の統合策によって富山地方鉄道が発足。電鉄富山〜宇奈月温泉間の線路は、富山地方鉄道の本線となった。

宇奈月温泉の観光スポットとしての飛躍

戦争が終結して10年が経過して社会が安定すると、高度成長を背景にしたレジャーブームが到来した。宇奈月温泉は富山地方、あるいは関東、関西からでも観光スポットとなり、ハイシーズンには多くの観光客が訪れるようになった。宇奈月温泉からは黒部川に沿ってその上流地域へと走る黒部峡谷鉄道がある。

元・西武鉄道5000系の16010形特急「アルプス号」 2013.11.2 浦山〜栃屋

富山地鉄オリジナルの14760形 2013.11.10 横江〜芦峅寺

　この路線ももともとは電源開発を目的として建設された路線であり、一般客の乗車を認めていなかったが、1953（昭和28）年からはこの方針を改め、旅客営業を開始していた。黒部峡谷鉄道は黒部川に沿った断崖に沿って走り、その眺望を楽しみたい地元住民や観光客の要望に応えたのだ。これも宇奈月の魅力を高めることになった。

　以降、電鉄富山と宇奈月温泉を結ぶ富山地方鉄道の本線には、バラエティ豊かな、観光色の強い列車が運転されるようになる。

　有料特急用の車両には、地方私鉄では珍しい自社発注の新型電車が充当され、「うなづき」の列車名が与えられている。本線を走る優等列車には、このほかに特急、急行があるが、これらの車両に充当されているのが、元・西武鉄道5000系の16010形や、元・京阪電気鉄道3000系の10030形だ。これらの面々は譲渡車ではあるものの、元特急車という客室設備が活かされ、これも地方私鉄のものとしては破格の乗り心地が提供されている。10030形には、京阪電気鉄道時代から使用されていた2階建て車両も転入しており、こちらには「ダブルデッカーエキスプレス」の名

立山連峰を背に富山平野を駆ける元・京阪電気鉄道3000系の10030形　2014.3.11　新宮川〜中加積
写真：松本洋一（3点とも）

が贈られている。都市圏でのダブルデッカーの運転は、利用客の着席機会を増やし、混雑する一般車両から解放する役割を担っているが、地方線区でのダブルデッカーの運転には、それとは異なる意義を乗客達が見つけ出してくれそうだ。本線の終点に宇奈月温泉という観光地があることで、富山地方鉄道は観光客輸送にも軸足を置いた乗客を満足させる輸送が展開されている。

水戸岡デザインの車両も登場

　はじめに、観光客を温泉へと運ぶ明確な意図を持って登場したのが、1976（昭和51）年4月から運転が開始された「アルペン特急」である。この列車の運転区間は立山〜宇奈月温泉間で、富山地方鉄道の主要ターミナルである電鉄富山には立ち寄らず、2本の幹線の終点どうしを結ぶという珍しい運転形態が採られているが、これは、立山黒部アルペンルートを経由して立山に到着した観光客を、今度は宇奈月温泉に運ぶという役割を持っている。温泉に向かって走るという目的を明確にしている点では国内随一の列車といえるかもしれない。この列車は冬季は運休となる。

　また富山地方鉄道本線で、2011（平成23）年12月23日から運転が開始された新しい観光列車が「アルプスエキスプレス」だ。この列車には16010形の第2編成をリニューアルして専用編成として使用。この工事に際して水戸岡鋭治氏がデザインを担当している。車内で「オモチャ箱をひっくり返したような」水戸岡ワールドを楽しむことができる列車だ。「温泉が沸けば、そこにさまざまなものが集い、文化が生まれる」という旨を著作に書いたのは作家の川本三郎さんだが、富山地方鉄道のさまざまな観光列車の運転は、鉄道の世界でその言葉を実践しているようにも見える。

温泉電軌
(⇒北陸鉄道 加南線)

- 営業期間：1913（大正2）年11月～1971（昭和46）年7月10日
- 軌間：1067mm
- 区間（廃止当時）：新粟津～粟津温泉、粟津温泉～河南、動橋（いぶりはし）～片山津間、新動橋～宇和野間、大聖寺～山中間 ※本文参照

加賀温泉郷

河南行と新動橋から来た準急河南行が並んだ　1964.12.29　山代温泉　写真：風間克美（2点とも）

温泉旅館の経営者が個々に建設した軌道を合併

石川県南西部の日本海に近い一帯。ここもまた"温泉の宝庫"だ。「加賀温泉郷」とも総称される、山中、山代、片山津、粟津の各温泉は、開湯以来1300年以上の歴史を誇り、おもに関西圏に住む人々にとっての、格好のリフレッシュの場として親しまれてきた。都市圏からある程度の距離があるからこそ、手軽な旅の目的地となったということもあるだろう。それは関東でも状況は同じで、東京に近い千葉には大きな温泉がなく、埼玉、神奈川にしても温泉があるのは、東京からはやや離れた場所だ。だから温泉に向かう旅が楽し

河南（かわなみ）駅に停車中の山代線モハ1821。となりに山中線のロマンスカー「くたに」クモハ6001が停車中

くなる。都会の家を出て、鉄道で移動の時間を楽しみ、そのうちに温泉場に到着する。そこは大都会とは風景が異なり、天候なども異なる。だからこそ、そこで旅情が味わえる。

関西発の温泉旅行に好適な北陸の温泉は、関東でいえば日光・鬼怒川・川治のような存在だろうか……。城崎温泉にも北陸の温泉と同様の趣がある。都心から南に向かった先に海がある和歌山の温泉は、関東なら熱海。これよりも都市圏に近い有馬温泉に相当する場所を関東に見つけるのは難しいけれど、強いていえば箱根をあげたい。手短な研修旅行や、小グループでの旅行に利用されることが多いという点では、有馬と箱根は少し似ている。

さて、石川県に広がる「加賀温泉郷」とも呼ばれるいくつもの温泉のなかで、最初に馬車鉄道の建設が計画されたのが、山中温泉への足となる山中馬車鉄道だった。1900（明治33）年5月に大聖寺～山中間が全通。大聖寺で官設鉄道と接続し、温泉への足が飛躍的に便利になった。

こうなると、ほかの温泉場も黙って指を咥えているわけにはいかない。1911（明治44）年3月5日には、動橋～山代間を結ぶ山代軌道と、粟津駅前の符津と粟津温泉の間を結ぶ粟津軌道が、さらに1914（大正3）年4月には動橋～片山津間を結ぶ片山津軌道が開通。やはり官設鉄道の駅とそれぞれの温泉場を結び、観光客の誘致にひと役買うことになる。こういう状況を「我泉引鉄」とでも形容したら良いのだろうか。明治から大正の人々にとって鉄道、あるいはそれに準ずる能力を有した軌道とは、それだけ魅力ある存在だったのだ。「明治という国家は偉大だった」と言ったのは作家の司馬遼太郎だが、自らの手で社会を変えてゆこうという気概を、明治の人々の誰もが持ち合わせていたのだろう。

しかし、これらの路線は、それぞれが脆弱な資本によって建設された輸送力の小さな鉄道でしかなく、互いに近隣の地に建設された

路線でありながら連絡運輸が行なわれるようなこともなかった。それぞれが、「おらが温泉」に観光客を運ぶことを目的に建設されたのだから、それは当然のことでもありはしたが、そのままでは、せっかく建設された軌道も輸送力の改善などが行なわれることはなく、やがては時代から取り残されてしまうことも懸念された。

　当時の石川県知事・李家隆介（りのいえたかすけ）はこの状況に着目し、路線の近代化を図るべく助成を表明する。これを受けて各馬車鉄道の代表者は、それぞれの路線を改良して、電気鉄道とすることに合意。こうして1913（大正２）年11月に、新たに温泉電軌株式会社が設立される。

　温泉電軌は同年11月中に、まず山中軌道と粟津軌道を、12月に山代軌道を、1914（大正３）年５月に片山津軌道を合併。さらに同年10月には河南〜本九谷（のち山代東口間）を、11月には山代東口〜粟津温泉間を新規開業させ、それまではバラバラだった軌間を1067mmに統一し、順次電化工事も完成させていったのだ。こうして、加賀温泉郷に電車運転のネットワークが完成した。

戦時中のさらなる合併によって北陸鉄道に編入

　温泉電軌の開業による各社の合併と路線延伸によって、のちに北陸鉄道加南線と総称される路線網の原型ができあがった。それはすなわち、
　山中線（山中〜大聖寺　8.9km）
　動橋線（宇和野〜新動橋　3.4km）
　粟津線（粟津温泉〜新粟津　3.4km）
　片山津線（動橋〜片山津　2.7km）
　連絡線（河南〜粟津温泉　10.6km）
から成っている。このように並べると位置関係が解りづらいが、各路線は粟津、動橋、大聖寺で北陸本線と接続し、ちょうどＪＲの鶴

黎明期のアルミ合金製車体6010系「しらさぎ号」。路線廃止後は大井川鉄道（現・大井川鐵道）で余生を送った　1964.12.29　山中温泉　写真：風間克美

温泉電軌時代の「沿線案内」
所蔵：山口雅人

見線の線形を裏返しにしたような形になっている。温泉電軌は、戦中の1943（昭和18）年10月に旧・北陸鉄道との合併によって、姿を消すことになるが、それまでの間に旅客車35両、電動貨車と貨車20両の、総計55両が在籍する堂々たる私鉄となった。電動車はいずれも木造の小型のものだったが、電車運転の利便性の高さは鉄道馬車の比ではなく、新規に建設された連絡線などの新線も、鉄道の価値をおおいに高める存在となったのだ。時代が昭和に入ると、創業時の小型電車は姿を消してゆくが、その代替として他社からの転入車があり、車両の陣容はいっそうバラエティに富むことになった。社名が変更されたこともあって、温泉へ観光客を運ぶための鉄道という趣は希薄なものになったが、定員100名という、当時としては大型の電車が主力となった北陸鉄道加南線の姿は、定員30〜40名の木造単車が働いていた温泉電軌の時代からは、大きく飛躍したものとなった。

昭和40年代半ばまでに全線が姿を消す

　戦争が終結し、社会が安定してからは、随時輸送の近代化も実施された。1951（昭和26）年4月からは新型「ロマンスカー」の運転が開始され、1963（昭和38）年7月からは、車体に軽量のアルミニウム合金を用いた新型電車を投入。この車両には「しらさぎ号」の愛称名が贈られた。この車両はその後、大井川鉄道（現・大井川鐵道）に転出し、大井川本線で長く運転されたため、その時代の姿を記憶しているレイルファンも多いだろう。

　湯治客を運ぶべく、温泉旅館の経営者たちが作った馬車鉄道は、長い時間を経たのちに、新鋭電車も運転される路線に変貌した。

　そんな北陸鉄道加南線も、1962（昭和37）年11月の一部区間の廃止に始まり、徐々に路線を縮小されていった。1971（昭和46）年7月11日の山中線、山代線の廃止をもって、全線が廃止となった。路線長のいちばん長い連絡線でさえ営業距離は10kmあまり。ほかの各線はどれも10kmに満たない短い路線ばかりとあっては、増え続ける自動車に対して、鉄道輸送のアドバンテージを示すことはできなかった。

四日市鉄道
（⇒近畿日本鉄道 湯の山線）

湯の山温泉

- ■開通：1913（大正2）年6月1日（川島村《現・伊勢川島》～湯ノ山《現・湯の山温泉》間）
- ■軌間：762mm⇒1435mm
- ■区間（現在）：近鉄四日市～湯の山温泉間

終着駅で静かに乗客を待つ近鉄四日市行普通電車　2015.12.9　湯の山温泉　写真：松本洋一

762mm軌間を採用して開業

　三重県三重郡菰野（こもの）町にある湯の山温泉は、養老年間（717～723年）に発見されたといわれ、近世になって本格的な整備が進められた。中京圏、あるいは関西圏からも近い立地でありながら、俗化したところのない温泉で、温泉の北側にそびえる御在所岳へのハイキングなどと併せて宿泊や入浴が楽しめる、家族連れでの探訪にも好適なスポットとなっている。

　温泉への観光客輸送も視野に入れ、1913（大正2）年に、四日市鉄道の手によって、川島村（現・伊勢川島）～湯ノ山（現・湯の山温泉）間に鉄道が開業した。軌間762mm、蒸気鉄道としての開業だったが、1928（昭和3）

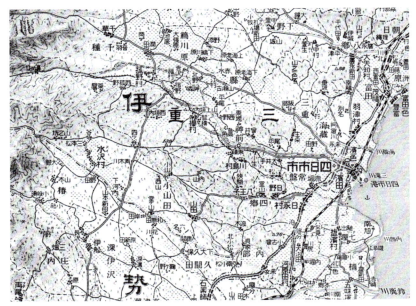

20万分の1帝国図『名古屋』大正6年鉄道補入より

年にはガソリン動車が導入され、さらに1929（昭和4）年には、直流750Vによる電化が行なわれるなど、車両、設備の近代化も進められていた。

　四日市鉄道は、この3年後の1931（昭和6）年3月18日には三重鉄道と合併し、さらに1944（昭和19）年2月11日の合併によって、三重交通として新スタートが切られた。762mmという線路幅は軽便鉄道のスタンダードとして世界共通のものだが、建設費用を安く抑えられる利点がありはしたものの、輸送力は低く、高速運転にも不向きだった。また、この規格を採用する鉄道会社も人口過疎地に路線を展開する例が多く、それは経営基盤が脆弱であることを意味し、代替交通機関の発達や、より高い規格を備えた競合組織が登場することによって、姿を消してしまうことが多かった。あるいはこの湯の山線も、そのような運命を辿っていた可能性もある。しかし、この路線が温泉場へのアクセスルートとなっていたことから、路線は廃止ではなく、発展を遂げることになる。

改軌、昇圧によって標準的な鉄道に変身

　この路線に大きな変革が訪れたのは1964（昭和39）年のことだった。3月23日には軌間を762mmから1435mmに改め、さらに架線電圧についても、その時までに使用されていた750Vを1500Vへと改めたのだ。すなわち、軽便鉄道の規格から、標準的な鉄道の規格への変更で、これはもちろん、既存の車両の流用などはできない大手術だった。それは新規の建設にも近い大規模な工事となり、リニューアル後は、四日市で接続していた内部・八王子線との相互乗入れ運転は中止され、新たに近畿日本鉄道名古屋線との直通運転が開始された。さらに翌年、1965（昭和40）年4月1日に、三重交通は近畿日本鉄道に合併され、

温泉へ向かう乗客を待つ湯の山温泉駅　2015.12.9　写真：松本洋一

新たに湯の山線を名乗るようになった。

　同年7月15日からは、名古屋線・大阪線の特急も直通運転されるようになり、これはもちろん、湯の山温泉への観光客を輸送する観光列車の色合いの濃いものだった。つい少し前まで、軽便規格の小さな電車が走っていたローカル線は、大都市から特急電車が直通する重要路線へと、まさに一瞬のうちに変身したのだ。

そこに温泉があったから

　低い規格で運転が始められた鉄道路線が、何かのきっかけを得ることによって、一気に近代的な設備を擁する高規格の路線に変貌することは、珍しいことではない。振り返ってみれば、近鉄四日市で接続している名古屋線にしても、元々は1067mm軌間で建設されていたものが、水害による不通をきっかけとして一気に改軌工事を実施。線路幅を1435mmに改めて、大阪線との直通運転を開始したという経緯がある（もっとも、水害による運休を好機へ転じて計画を前倒しで実行したものだったが……）。ほかにも類似の事例は数多くあるに違いなく、その理由もさまざまであると思われる。しかし、温泉の存在があっての改軌、昇圧という例は希少なものであることは間違いない。このような決断を実行できることも、あるいは近鉄ならではというところだろうか……。

　湯の山線の設備の近代化は、近鉄への合併後も続けられ、ＡＴＳの設置など、現代の鉄道に必要とされるインフラの整備が行なわれていった。湯の山線でのシンボリックな存在となっていた特急の運転は、残念ながら2004

温泉駅を出発した普通電車　2015.12.9　湯の山温泉〜大羽根園　写真：松本洋一

昭和48年の湯の
山温泉駅前
写真：安田就視

（平成16）年3月18日で中止されてしまったが、2008（平成20）年7月19日〜8月10日には、御在所ロープウェイの開通50周年と、鈴鹿国定公園の指定40周年を祝う事業の一環として土曜・休日に特急の復活運転が実施され、この翌年の同じ軌間にも、土曜・休日に臨時特急「湯の山温泉サマーライナー」が運転され、この臨時特急は、以後毎年夏に運転されている。湯の山線は全線15.4kmの短い路線だが、今も存分に存在感を見せつけている。

神戸有馬電気鉄道
（⇒神戸電鉄 有馬線）

有馬温泉

- ■開通：1928（昭和3）年11月28日（湊川～電鉄有馬《現・有馬温泉》間）
- ■軌間：1067mm
- ■区間（現在）：湊川～有馬温泉間

すっかり通勤路線になった有馬線　2015.7.13　鈴蘭台～鵯越（ひよどりごえ）　写真：松本洋一

古代にはその存在が知られていたという

　古くから神戸電鉄を利用している人のなかには、この路線のことを「神有線（しんゆうせん）」と呼ぶ人がいるという。今日であれば、ＪＲのことを「国鉄」と呼んだり、もう少し昔であれば、国鉄のことを「省線」と呼んだり（国鉄が公共事業体としてスタートを切る1949（昭和24）年6月1日以前は、国有鉄道は鉄道省の管轄で、これを略して省線と呼んだ）するのと同じかたちだが、それは単に昔の癖が出たというだけではなく、その鉄道の古き良き日の姿を知っていることの、誇りと懐かしみが込められた言葉であるようにも感じられる。いまは神戸電鉄という社名となり、神戸とその北に連なる六甲山系の麓に広がる住宅地を結ぶ通勤路線となった感のある神戸電鉄も、創業時まで遡ってみるならば、その前身である神戸有馬電気鉄道の終点として選ばれた有馬温泉へのアクセスが、鉄道建設の

神戸有馬電鉄時代の『沿線図』より　所蔵：山口雅人

目的のひとつに掲げられていた。ちなみに最近では、神戸電鉄のことを略して「神鉄（しんてつ）」と呼ぶのだとか……。「神有線」と「神鉄」。後者のほうが、すっきりとしていて、そしてドライな印象がある。

　有馬温泉がいつ発見されたのか。この説にも古いものがあり、神代の昔に、大巳貴命（おおなむちのみこと）と少彦名命（すくなひこなのみこと）が、傷ついたカラスが水浴をしているのを見つけ、その水たまりが温泉だったという伝えがある。広く知れ渡っているのは豊臣秀吉が有馬温泉に通っていたという故事だろう。そして秀吉が行なった有馬温泉の改修工事は、今日でも活かされているのだという。

　有馬温泉はそのような歴史ある温泉場のことゆえ、明治以降になっても、関西に住まう人々の格好の癒しの場となり、鉄道の建設も幾度か計画された。そのなかで、1923（大正12）年に、有馬電気鉄道に対して神戸市上三條町～有馬郡有馬町間の免許が下付され、同社はその翌々年に社名を神戸有馬電気鉄道に変更し、1928（昭和3）年11月28日に、湊川～電鉄有馬（現・有馬温泉）間を開業させた。「神有電車」のスタートだ。

黎明期には展望車が運転された

　神戸電鉄の特徴はなんといっても、鈴蘭台以南で片上りの急勾配が連続することで、それも50‰という登山電車と見まごうばかりのものが続く。当然、創業時の車両から、搭載する電動機やブレーキについては格段の配慮がなされ、その特質がこの路線独特のカラーを作り上げてきた。

開業以来の有馬温泉駅舎。現在は近未来的デザインに生まれ変わっている　1973.12.6
写真：安田就視

　開業に際して導入されたデ1形は大型の電動機を備え、ブレーキには空気ブレーキのほかに発電ブレーキを備え、のちには取り外されたが、当初はスリップに備えて砂箱も取り付けられていた。
　このような車両群のなかでひときわ異彩を放っていたのが、創業翌年の1929（昭和4）年7月に入線したテン1で、これは納涼客誘致に導入された展望車だった。側面は開放式で、室内にはベンチ式の木製シートをクロスシートとして配置し、今日であれば、すぐに「トロッコ客車」という愛称が贈られただろう存在だった。もちろん、運転台、電動機などは取り付けられず、ほかの電車に牽かれて走行する。テン1は戦時中の1943（昭和18）年に制御車に改造されてしまうが、元より観光客の利用を考えなければ、このような車両が導入されることはなかっただろう。テン1は、神戸有馬電鉄の、観光路線としての特質を示す存在だった。
　有馬線には「沿線は山また山」「有馬温泉へ行く時に年寄りが乗る山の向こうを走っている電車」という回顧談もあり、それは関西人特有の親しみとも、愛するがゆえの毒舌とも取れる言葉ではあるものの、戦前の、まだ沿線に人口が少なく、どこかのどかな雰囲気が漂っていた時代の神有電車の姿を端的に言い当てているようだ。

戦後の急速に進む人口増のなかで

　神戸有馬電気鉄道は、1949（昭和24）年4月30日に神戸電気鉄道に社名が変更され、それはさらに1988（昭和63）年4月1日に、現

鵯越（ひよどりごえ）～鈴蘭台間を走る1000系。同区間は石井ダム建設に伴い一部新線に切り替わった　2005.5.10
写真：松本洋一

行の神戸電鉄へと改められた。社名変更はひとつの事例に過ぎないが、戦後、それも昭和30年代中盤以降の神戸電鉄は、まるで社会の動きが反映されたかのようにめまぐるしくその姿を変えてゆく。

そのいちばんの要因は沿線の人口増で、都市への人口集中と通勤圏の拡大によって、神戸電鉄の沿線人口は爆発的な勢いで増え続けたのだ。神戸電鉄が開通した頃は、鈴蘭台の一帯の土地が「関西の軽井沢」というキャッチフレーズで売り出されたが、その言葉がイメージさせるたおやかな雰囲気が、日を追うようにして消えていったのが、昭和30年代中盤からの神戸電鉄沿線だった。

そして宅地の拡大に伴って、有馬口で分岐する三田線の輸送需要が増加すると、本来は本線の位置付けにあった有馬線は、相対的に重要度が低下し、有馬線が本線から分岐する支線であるかのような図式となったのである。

有馬線に対する時代の向かい風はこのほかにもあり、道路の整備が進むにつれて、有馬温泉に向かう観光客がバス利用へと旅のスタイルを変えたのだ。有馬温泉自体は、大阪の中心からもほど近い手軽に利用できる温泉場という評価が変わることはなかったものの、高速道路を利用して目的地に真っ直ぐ向かえるバスの利便性は、新開地での乗換えが強いられ、長い上り勾配があるがゆえに運転速度も速くはならない神戸電鉄は、観光旅行では乗る機会の少ない路線となってしまった。

有馬温泉駅は1989（平成元）年に現行の駅舎が完成。瀟洒（しょうしゃ）なデザインは観光地の玄関にふさわしい。神戸電鉄は通勤路線へと変貌を遂げたが、同社のルーツともいえる有馬線が、これから先どのようになってゆくのかは、想像が難しい。

米子電車軌道

皆生温泉

- ■営業期間：1925（大正14）年3月31日〜1938（昭和13）年12月2日
- ■軌間：1067mm
- ■区間（廃止当時）：米子駅前〜皆生温泉

戦前の皆生温泉四条通正門　所蔵：山口雅人

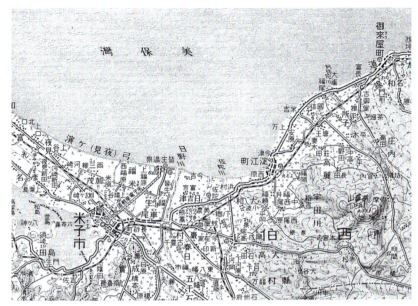

20万分の1帝国図『松江』昭和13年修正改版より

温泉が発見され、道路と路面電車が作られた

　山陰にも数多くの魅力的な温泉がある。それを指折り数えていってもキリがないほどだが、山がちの地形が海岸線近くまで迫っているところが多いせいか、線路が温泉に向かって延ばされていったという例は少ない。一畑電車のターミナルに「松江しんじ温泉」があるが、これは線路がここに向かって延びてきたというより、ここから西に向かって延びていったという印象が感じられる駅だ。

　そのようななかで、今は姿を消してしまったけれど、鳥取県に存在していた米子電車軌道は、山陰では数少ない「温泉行きの電車」に数えることのできる路線だ。米子電車軌道は米子駅前と皆生（かいけ）町などを結んだ7.7kmの路線で、1925（大正14）年3月31日に開業し、1938（昭和13）年12月3日に廃止された。足かけ14年で姿を消した、まさに薄幸の路面電車だった。

　皆生温泉は、1900（明治33）年に発見されたといい、日本の数ある温泉のなかでは歴史の浅い温泉だ。1921（大正10）年になって、開発会社の手によって湧出量の多い泉源が掘り当てられると、これを契機として一気に旅館街が生まれた。その翌々年には市街地から温泉場までの新道を建設する計画が可決されたが、それと同時に鉄道も敷設する計画が生まれ、1925（大正14）年3月31日に、米子電車軌道角盤町（本社前）〜皆生温泉間3.7km開業が開業した。路線の延伸は、この翌年と、さらにその翌々年にもあり、こうして米子電気鉄道全線7.7kmが全面開通するに至ったのだ。

　米子駅前から皆生温泉まではおよそ30分。7時台から20時台まで30分間隔で運転され、運賃は1区3銭だった。軌間は1067mm。架線電圧は直流600Vである。

皆生温泉電車停留所があった頃の日常風景　所蔵：山口雅人

活性化策も実ることなく路線は廃止へ

　米子駅前を出た線路は、米子の市街地を巡り、国有鉄道の境線の線路を短いガーダー橋で跨ぐと、線路は市街地を抜け、あとは終点の皆生温泉までほぼ一直線に走った。終着駅は1本の線路がそこで行き止まりになっているだけの淋しいものだったが、1927（昭和2）年には駅が移設されて、木造の駅舎や、頭端式1面2線のホームが新設されている。

　しかし、もとから乗合バスなどの競合交通機関があったこともあり、利用客数が伸びることはなかった。1928（昭和3）年には境港へ至る新線の建設も立案されたが、これも着工に至ることはなく、温泉が娯楽施設を拡充するという観光客誘致策も、鉄道の業績を回復させるまでには至らなかった。そして、1938（昭和13）年11月27日には全線の運転が休止され、その年の12月3日に路線は正式に廃止された。

　米子電車軌道が開業時に備えた車両は、梅鉢製作所製の木造4輪車1両と、岡山電気軌道より譲渡されたやはり木造の4輪車1両だった。1926（大正15）年度には、さらに2両が梅鉢に発注され、1928（昭和3）年度にも2両が追加注文されて、これで車両は6両の陣容となった。このうち岡山電軌からの譲渡車1両は1937（昭和12）年度に廃車となり、残った5両は路線の廃止後に小倉電気軌道（西鉄北九州線の前身）に譲渡され、同社の13〜17となり、小倉電気軌道が西鉄と合併した際に改番が実施されて、313〜317となった。米子電車軌道が運転された軌間は、先にも記したようにわずか14年に過ぎなかった。

5万分の1地形図『米子』大正6年修正測図同10年鉄道補入（昭和5年3月30日発行）より

廃線後はレールも譲渡された

　米子電車軌道の廃止後は、使用されたレールも九州の炭鉱へと譲渡され、ここに路面電車が走っていたことを示す遺構は、ことごとくなくなってしまった。岡山電軌から転入した1両は廃車後、海を渡って中国に送られて使用されたともいわれるが、米子電気軌道への入線時に、すでに車齢が重ねられていたようで、故障、脱線が多かったという証言もあり、もし大陸に渡っていたとしても、その先の使用期間は長くはなかっただろう。

　新線の開業は沿線の人々に希望を与えるが、その線路が廃止されてしまえば、それ以上の失望を与える。路線延長の計画も結局は実現しなかったところをみても、この路面電車の新設は、いささか勇み足だったのかもしれない。ただし、公共性の強い事業というものは、赤字になってこそ、その本来的な意義がまっとうされているという考え方もある。もしも、新しい起業が順調に黒字経営を続けるのであれば、誰も何も苦労することはないからだ。

　交通政策には、単に収支や、自由競争の論理で割り切ってはいけない難しさがある。たとえ収支が赤字であっても、それが人々の暮らしや、地域社会を支えているのであれば、事業者の都合だけで切り捨てを行なってはならないからだ。米子電車軌道の短い歴史には、現代にも通ずる課題が潜んでいる。

四国
九州地方

道後鉄道⇒伊予鉄道／
山鹿温泉鉄道

道後鉄道

（⇒伊予鉄道）

- ■開通：1895（明治28）年8月22日（道後《現・道後温泉》〜古町、道後〜松山《現・大街道付近》）
- ■軌間：762mm⇒1067mm
- ■区間（現在）：松山市内線

松山市内を走るディーゼル機関によるレプリカ車両。2001（平成13）年10月に登場した　2013.2.11　写真：松本洋一

「マッチ箱」のような客車が走った町

「停車場はすぐ知れた。切符も訳なく買った。乗り込んでみるとマッチ箱のような汽車だ。ごろごろと五分ばかり動いたと思ったら、もう降りなければならない。道理で切符が安いと思った。たった三銭である」

夏目漱石の小説『坊っちゃん』に出てくる有名な一節だ。「マッチ箱のような汽車」と描写されているのは、小説の主人公「坊っちゃん」が赴任した松山にあった鉄道のもの。すなわち、現在も松山を中心に路線網を展開している私鉄・伊予鉄道で、「坊っちゃん」が列車に乗ったのは、現在の三津駅といわれている。

小説が発表されたのは1906（明治39）年の

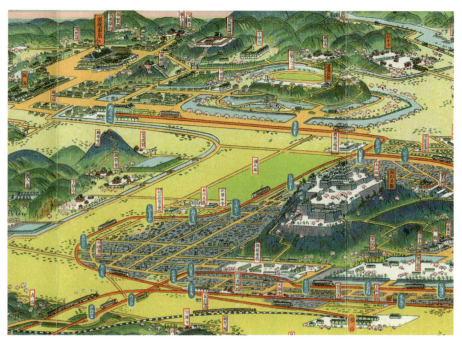

戦前に発行された『名所図絵』から　所蔵：山口雅人

ことだが、作品は漱石自身が教師として松山に赴任したときの体験を下地として書かれたものとされている。漱石が松山に赴任したのは、1895（明治28）年4月から翌年4月のことだから、ここで描写されているのは、その当時の伊予鉄道の姿ということになる。

　伊予鉄道は、四国初めての鉄道として、1888（明治21）年に松山〜三津間を開業させた。軌間762㎜、蒸気鉄道としての開業で、松山と、港のあった三津を結ぶ鉄道としての開業だった。現在の松山市と三津の間の営業距離は6.4㎞。明治の鉄道黎明期に開業した地方鉄道としては、殊更に短いと指摘されるほどのものではない。鉄道を描写する短いセンテンスにも、当時の地方都市と大都会との差を浮き彫りにしようとする漱石の意図が込められていたのかもしれない。

　その後の伊予鉄道は全線で電化を進め、近代的な都市鉄道に生まれ変わっている。近年まで所々に残されていた古い木造駅舎が、建て替えによって姿を消しつつあるのは残念だが、伊予鉄道の本社前には創業時の機関車のレプリカが展示されているなど、伝統に対する敬意が失われていないのは心強い。伊予鉄道の本社の近くに建つ「子規堂」は、俳人・正岡子規が幼少時代を過ごした家を保存しているものだが、その正面には当時の客車が静態保存されており、伊予鉄道梅津寺駅に隣接する梅津寺公園には、伊予鉄道の1号機関車と客車が静態保存されている。時代は変わっても、松山には古き日の文化が残されている。

漱石が毎日通った道後温泉への足

現在の伊予鉄道は「郊外線」とも総称され、

伊予鉄名物？の平面交差に差し掛かった「坊っちゃん列車」 大手町線大手町駅前駅付近 2013.2.20 写真：持田昭俊

大型の電車が運転される高浜線、横河原線、郡中線の３路線と、いわゆる路面電車として運転されている「松山市内線」を有する私鉄として、松山に不可欠の存在となっている。

松山時代の漱石は「毎日半里の温泉まで通った」（『夏目先生の追想』岩波書店「漱石全集」に収録）とあり、これは漱石の下宿があった二番町から２kmの道後温泉を指しているという。片道２kmといえば往復で４km。徒歩であれば小１時間は要する見当となる。毎日、毎日これを歩いたのだろうか……。

いま、道後温泉の入口には、伊予鉄道松山市内線の道後温泉駅があるが、この地の駅としては、まず1895（明治28）年８月22日に道後鉄道の駅が開業している。これは漱石が松山に赴任した４カ月後のことであり、新たに開業した道後温泉への鉄道を漱石が毎日利用したのか、これについては記録がないようだ。

それでも小説の主人公の「坊っちゃん」は、教師を辞して東京に帰ったあとに街鉄（東京市街鉄道）の技手になっているから、漱石自身が路面を走る鉄道車両になんらかの先進性を感じ取っていたということも考えられる。

その後、1907（明治40）年３月には松山電気軌道が道後駅を開設し、この時に建設された路線が、現在の伊予鉄道松山市内線の一部となっている。もっとも、漱石が松山に赴任していたのも１年足らずのことだったから、その後の松山の変貌については、漱石の預かり知らぬことということになりそうだ。

現代の「坊っちゃん列車」は観光客に人気

いまは松山市の中心部にネットワークを築いている松山市内線に「坊っちゃん列車」が

"坊っちゃん"（夏目漱石）も感心した道後温泉本館。1894（明治27）年に落成した国の重要文化財　2012.3.19

登場したのは、2001（平成13）年10月で、漱石の小説に登場する列車を模したレプリカとして運転が開始された。動力車は伊予鉄道黎明期の機関車の姿をコピーしたものだが、路面を走る車両に蒸気機関車を選ぶことは難しく、動力にはディーゼル機関が用いられている。客車も往時の姿を模したものだが、屋上には分岐器の操作に使用されるトロリーコンタクターを作動させるために、集電装置を思わせるビューゲルが装架され、機関車の運転台には、安全確認のためのモニターが複数取り付けられるなど、蒸気機関車のかたちをした車両を道路上で安全に走らせるための、さまざまなくふうがされている。苦労したのは汽笛の音を実物に近づけること。空気（エアー）が通されるディーゼル機関車の汽笛と、蒸気（スチーム）が通される蒸気機関車の汽笛の音色は、どうしても同じものにはならなかったのだとか……。

「坊っちゃん列車」は、登場以来絶大な人気を獲得し、松山から道後温泉に向かう足として、人気の存在となった。終端駅での転向は人力で行なわれるなど、運転には手間がかかるが、この列車への乗務を希望する社員はじつに多いのだという。客車内では、車掌が乗客に対して「坊っちゃん」列車に関するクイズを出し、運転士はそのイベントが行なわれる区間では惰行運転を行なって、列車の走行音を小さくし、車掌の声を聞こえやすくするくふうがされているという。そのような目に見えにくい乗客への気配りと、高い技術による運転が、観光列車の運転を支えている。

漱石が通った道後温泉へは、ＪＲの松山駅から松山市内線に乗って20分。現代の温泉電車は、多くの人にさまざまな楽しみを与え続けている。

山鹿温泉鉄道

山鹿温泉

- ■営業期間：1917（大正6）年12月22日〜1965（昭和40）年2月3日（鹿本鉄道として植木〜肥後豊田間を開通、1960《昭和35》年12月1日より全線休止）
- ■軌間：1067mm
- ■区間（廃止当時）：植木〜山鹿

山鹿駅に停車中のレールバス　1959.11　写真：熊本日日新聞

窮余の策として登場したレールバス

　山鹿温泉鉄道は、熊本県熊本市植木町の植木駅と山鹿市の山鹿駅の間、20.3kmを結んでいた非電化の地方私鉄だ。"電車"ではないが、本書ではあえて紹介したい。

　1917（大正6）年に部分開業し、1923（大正12）年12月31日に全通。蒸気鉄道として開業し、内燃車両を導入するなど輸送の近代化も地方の私鉄なりに推進されたが、結局は1960（昭和35）年12月には全線が休止となり、1965（昭和40）年2月4日には全線が正式に廃止となって姿を消した。最初に導入された内燃車両はオーソドックスなスタイルの小型気動車だったが、1955（昭和30）年に導入された2両の気動車キハ101とキハ102の2両は、大阪市交通局で使用されていたバスの払下げを受け、この車体を利用して単端（たんたん

20万分の1帝国図『熊本』
昭和3年鉄道補入より

＝進行方向が1方向の軽便気動車。終端部では車両の転向を要する）に改造したという履歴を持ち、キハ101はボンネットスタイル、キハ102はキャブオーバースタイルという形態の違いはあったものの、レールバスという呼び名がそのままの車両だった。今日ではレールバスという名も再び市民権を得た感があるが、これほどまでにバスそのままの姿をした鉄道車両は類がなく（ボンネットが飛び出し、運転席の後ろに客席が付随するということであえば、根室拓殖鉄道に在籍していた銀龍号も挙げることができるが……）、レイルファンの間では「山鹿温泉鉄道といえば、レールバス」という存在として、その姿が消えたあとも、長くその名が知れ渡っていたのだ。

　小型軽量の車体や、同一の部品を使用することでバスとの共通化を図り、コストダウンにつなげるという考え方は、のちに登場した南部縦貫鉄道（現・廃止）のキハ101〜103や、

方向転換は最後まで人力だった　1955.10　写真：熊本日日新聞

現代の小型気動車にも共通する発想で、しかし、山鹿温泉鉄道の2両は、窮余の一策と受け止められこそすれ、時代の先端をゆく車両という評価を受けることはなかったようだ。登場が早すぎた……。

水害から立ち直ることなく全線を廃止

山鹿温泉は平安時代には開湯されていたとされる歴史ある温泉で、シカが湯に浸かっているところが目撃されたことから温泉が発見されたという伝説がある。江戸時代には宿場町として栄え、しかし、明治期に建設が進められた九州鉄道の線路（現・鹿児島本線）は山鹿を経由しなかったことから、これと山鹿を結ぶ鉄道の建設が、地元有志を中心にして起こった。そして、大正初期に鹿本（かもと）軌道が設立され、山鹿と熊本を結ぶことが画策されたのだ。

鹿本軌道は、1916（大正5）年に鹿本鉄道へと社名を変更し、1917（大正6）年12月22日には植木〜肥後豊田間を開業。線路は徐々に延ばされ、1923（大正12）年には終着の山鹿に達した。

創業時には、全線に1日8往復の貨客混合列車が設定され、途中の列車交換はなく、全線の所要時間はおよそ30分だった。創業時に用意された蒸気機関車は2両で、15tの小型Cタンク機だった。

その後、大正末期になると、早くも山鹿鉄道に経営危機が訪れることになった。この頃から乗合自動車の台頭が顕著になったためで、この対策として導入されたのが、ジ1・3という2両の単端式（片運転台）気動車だ。気動車の導入は列車の増発を可能にしたが、運転

窮余の策でバスの車体に鉄道車輪を取付けた究極のレールバス　1955.3　写真：熊本日日新聞

の軽便さでは、どうしても自動車に軍配が上がってしまう。こうして鹿本鉄道は全通直後から、経営難にさいなまれ続けることになる。

　戦争の混乱期を切り抜け、1950（昭和25）年には２両のディーゼルカー、キハ１・２が新製投入された。同時に鹿児島本線の植木から熊本までの直通運転も開始され、鹿本鉄道沿線の利便性が大きく向上したが、これも乗合バスへの対抗策だった。

　1952（昭和27）年６月４日には、社名が山鹿温泉鉄道へと改められている。

　こうして、わずかながらも活気が生まれた山鹿温泉鉄道だったが、良いことは長くは続かず、1953（昭和28）年６月には水害によって４カ月の間不通となり、さらに1957（昭和32）年７月にも水害が発生して、植木〜植木町間で築堤が崩壊。再び、線路が不通となったのだ。植木町〜山鹿間では水害の発生から

１カ月後には運転が再開されたが、国鉄線との接続が不可能になったことから利便性が大きく後退。水害の復旧には地元住民までが協力し、植木〜植木町間ではバスによる代行輸送が行なわれたものの、決定的な客離れを招いてしまう。これが道路の上を走る自動車ならば、たとえ水害が発生しても迂回路を選択することができるが、軌道という自前で、唯一のインフラによって運転が行なわれる鉄道では、そのようなわけにいかない。鉄道の鉄道たるゆえんである特質が、弱みとなって露呈したかたちとなった。

　山鹿温泉鉄道は、1965（昭和40）年２月４日に全線が正式に廃止となった。残されたわずかな車両も債務の整理に当てられ、姿を消した。

■全国「湯」「温」の付く駅名一覧

(2016（平成28）年1月1日現在)

□JR線

所在の都道府県	現在の企業体	所属路線	現在の駅名	備考
北海道	JR北海道	宗谷本線	天塩川温泉（てしおがわおんせん）駅	
北海道	JR北海道	釧網本線	川湯温泉（かわゆおんせん）駅	
北海道	JR北海道	函館本線	流山温泉（ながれやまおんせん）駅	
秋田県	JR東日本	花輪線	湯瀬温泉（ゆぜおんせん）駅	
秋田県	JR東日本	花輪線	大滝温泉（おおたきおんせん）駅	
岩手県	JR東日本	北上線	ゆだ錦秋湖（ゆだきんしゅうこ）駅	ゆだ＝湯田（漢字地名）<参考として収録>
岩手県	JR東日本	北上線	ほっとゆだ駅	ゆだ＝湯田（漢字地名）<参考として収録>
岩手県	JR東日本	北上線	ゆだ高原（ゆだこうげん）駅	ゆだ＝湯田（漢字地名）<参考として収録>
宮城県	JR東日本	陸羽東線	川渡温泉（かわたびおんせん）駅	
宮城県	JR東日本	陸羽東線	鳴子御殿湯（なるこごてんゆ）駅	
宮城県	JR東日本	陸羽東線	鳴子温泉（なるこおんせん）駅	
宮城県	JR東日本	陸羽東線	中山平温泉（なかやまだいらおんせん）駅	
山形県	JR東日本	陸羽東線	赤倉温泉（あかくらおんせん）駅	
山形県	JR東日本	陸羽東線	瀬見温泉（せみおんせん）駅	
山形県	JR東日本	奥羽本線（山形新幹線）	赤湯（あかゆ）駅	
山形県	JR東日本	奥羽本線（山形新幹線）	かみのやま温泉（かみのやまおんせん）駅	
秋田県	JR東日本	奥羽本線	上湯沢（かみゆざわ）駅	
秋田県	JR東日本	奥羽本線	湯沢（ゆざわ）駅	
秋田県	JR東日本	奥羽本線	下湯沢（しもゆざわ）駅	
青森県	JR東日本	奥羽本線	津軽湯の沢（つがるゆのさわ）駅	
青森県	JR東日本	奥羽本線	大鰐温泉（おおわにおんせん）駅	
山形県	JR東日本	羽越本線	あつみ温泉（あつみおんせん）駅	
群馬県	JR東日本	上越線	湯檜曽（ゆびそ）駅	
新潟県	JR東日本	上越線 上越新幹線	越後湯沢（えちごゆざわ）駅	
新潟県	JR東日本	上越線（上越新幹線）	ガーラ湯沢（がーらゆざわ）駅	臨時駅
群馬県	JR東日本	吾妻線	小野上温泉（おのがみおんせん）駅	

108

所在の都道府県	現在の企業体	所属路線	現在の駅名	備考
群馬県	ＪＲ東日本	吾妻線	川原湯温泉（かわらゆおんせん）駅	
長野県	ＪＲ東日本	飯山線	戸狩野沢温泉（とがりのざわおんせん）駅	
福島県	ＪＲ東日本	常磐線	湯本（ゆもと）駅	
山梨県	ＪＲ東日本	中央本線	石和温泉（いさわおんせん）駅	
神奈川県	ＪＲ東日本	東海道本線	湯河原（ゆがわら）駅	
山梨県	ＪＲ東海	身延線	下部温泉（しもべおんせん）駅	
愛知県	ＪＲ東海	飯田線	湯谷温泉（ゆやおんせん）駅	
長野県	ＪＲ東海	飯田線	温田（ぬくた）駅	
福井県	ＪＲ西日本	北陸本線	湯尾（ゆのお）駅	
福井県	ＪＲ西日本	北陸本線	芦原温泉（あわらおんせん）駅	
石川県	ＪＲ西日本	北陸本線	加賀温泉（かがおんせん）駅	
富山県	ＪＲ西日本	北陸新幹線	黒部宇奈月温泉（くろべうなつきおんせん）駅	
石川県	ＪＲ西日本	七尾線	和倉温泉（わくらおんせん）駅	
滋賀県	ＪＲ西日本	湖西線	おごと温泉（おごとおんせん）駅	
和歌山県	ＪＲ西日本	紀勢本線	湯浅（ゆあさ）駅	
和歌山県	ＪＲ西日本	紀勢本線	湯川（ゆかわ）駅	
兵庫県	ＪＲ西日本	山陰本線	城崎温泉（きのさきおんせん）駅	
島根県	ＪＲ西日本	山陰本線	玉造温泉（たまつくりおんせん）駅	
島根県	ＪＲ西日本	山陰本線	湯里（ゆさと）駅	
島根県	ＪＲ西日本	山陰本線	温泉津（ゆのつ）駅	
山口県	ＪＲ西日本	山陰本線	湯玉（ゆたま）駅	
山口県	ＪＲ西日本	山陰本線	川棚温泉（かわたなおんせん）駅	
広島県	ＪＲ西日本	福塩線	湯田村（ゆだむら）駅	
山口県	ＪＲ西日本	山口線	湯田温泉（ゆだおんせん）駅	
山口県	ＪＲ西日本	美祢線	湯ノ峠（ゆのとう）駅	
山口県	ＪＲ西日本	美祢線	長門湯本（ながとゆもと）駅	
鹿児島県	ＪＲ九州	鹿児島本線	湯之元（ゆのもと）駅	
長崎県	ＪＲ九州	長崎本線	湯江（ゆえ）駅	

所在の都道府県	現在の企業体	所属路線	現在の駅名	備考
佐賀県	ＪＲ九州	佐世保線	武雄温泉（たけおおんせん）駅	
大分県	ＪＲ九州	久大本線	由布院（ゆふいん）駅	由布市湯布院町に所在 ＜参考として収録＞
大分県	ＪＲ九州	久大本線	南由布（みなみゆふ）駅	由布市湯布院町に所在 ＜参考として収録＞
大分県	ＪＲ九州	久大本線	湯平（ゆのひら）駅	
鹿児島県	ＪＲ九州	肥薩線	霧島温泉（きりしまおんせん）駅	
宮崎県	ＪＲ九州	吉都線	京町温泉（きょうまちおんせん）駅	
山梨県	ＪＲ貨物	中央本線	石和温泉（いさわおんせん）駅	車扱い貨物臨時取扱い駅 ＜参考として収録＞
福井県	ＪＲ貨物	北陸本線	芦原温泉（あわらおんせん）駅	車扱い貨物臨時取扱い駅 ＜参考として収録＞

□民鉄・公営鉄道線

所在の都道府県	現在の企業体	所属路線	現在の駅名・電停名	
北海道	函館市企業局	湯の川線	湯の川温泉（ゆのかわおんせん）	停留場
北海道	函館市企業局	湯の川線	湯の川（ゆのかわ）	停留場
青森県	青い森鉄道	青い森鉄道線	浅虫温泉（あさむしおんせん）	駅
岩手県	ＩＧＲいわて銀河鉄道	いわて銀河鉄道線	金田一温泉（きんたいちおんせん）	駅
山形県	山形鉄道	フラワー長井線	赤湯（あかゆ）	駅
福島県	福島交通	飯坂線	飯坂温泉（いいざかおんせん）	駅
福島県	会津鉄道	会津線	芦ノ牧温泉（あしのまきおんせん）	駅
福島県	会津鉄道	会津線	芦ノ牧温泉南（あしのまきおんせんみなみ）	駅
福島県	会津鉄道	会津線	湯野上温泉（ゆのかみおんせん）	駅
長野県	長野電鉄	長野線	湯田中（ゆだなか）	駅
長野県	上田電鉄	別所線	別所温泉（べっしょおんせん）	駅
富山県	富山地方鉄道	本線	宇奈月温泉（うなづきおんせん）	駅
石川県	のと鉄道	七尾線	和倉温泉（わくらおんせん）	駅
栃木県	野岩鉄道	会津鬼怒川線	川治温泉（かわじおんせん）	駅
栃木県	野岩鉄道	会津鬼怒川線	川治湯元（かわじゆもと）	駅
栃木県	野岩鉄道	会津鬼怒川線	湯西川温泉（ゆにしがわおんせん）	駅
栃木県	野岩鉄道	会津鬼怒川線	中三依温泉（なかみよりおんせん）	駅

所在の都道府県	現在の企業体	所属路線	現在の駅名・電停名	
栃木県	野岩鉄道	会津鬼怒川線	かみみよりしおばらおんせんぐち 上三依塩原温泉口	駅
千葉県	成田高速鉄道アクセス ＜京成電鉄＞	成田高速鉄道アクセス線 ＜成田空港線＞	なりたゆかわ 成田湯川	駅
栃木県	東武鉄道	鬼怒川線	きぬがわおんせん 鬼怒川温泉	駅
東京都	東京地下鉄 （東京メトロ）	千代田線	ゆしま 湯島	駅
神奈川県	小田急電鉄	小田原線	つるまきおんせん 鶴巻温泉	駅
神奈川県	箱根登山鉄道	鉄道線	はこねゆもと 箱根湯本	駅
山梨県	富士急行	大月線	よしいけおんせんまえ 葭池温泉前	駅
静岡県	大井川鐵道	大井川本線	かわねおんせんささまど 川根温泉笹間渡	駅
静岡県	大井川鐵道	井川線	せっきょうおんせん 接岨峡温泉	駅
岐阜県	明知鉄道	明知線	はなしろおんせん 花白温泉	駅
岐阜県	長良川鉄道	越美南線	ゆのほらおんせんぐち 湯の洞温泉口	駅
岐阜県	長良川鉄道	越美南線	みなみこだからおんせん みなみ子宝温泉	駅
福井県	えちぜん鉄道	三国芦原線	あわらゆのまち あわら湯のまち	駅
京都府	ＷＩＬＬＥＲ　ＴＲＡＩＮＳ （京都丹後鉄道）	宮津線	ゆうひがうらきつおんせん 夕日ヶ浦木津温泉	駅
三重県	近畿日本鉄道	大阪線	さかきばらおんせんぐち 榊原温泉口	駅
三重県	近畿日本鉄道	湯の山線	ゆのやまおんせん 湯の山温泉	駅
兵庫県	神戸電鉄	有馬線	ありまおんせん 有馬温泉	駅
広島県	井原鉄道	井原線	ゆの 湯野	駅
岡山県	智頭急行	智頭線	あわくらおんせん あわくら温泉	駅
島根県	一畑電車	北松江線	まつえしんじこおんせん 松江しんじ湖温泉	駅
愛媛県	伊予鉄道	城南線	どうごおんせん 道後温泉	駅
福岡県	平成筑豊鉄道	田川線	かきしたおんせんぐち 柿下温泉口	駅
長崎県	島原鉄道	島原鉄道線	しまてつゆえ 島鉄湯江	駅
熊本県	南阿蘇鉄道	高森線	あそしもだじょうふれあいおんせん 阿蘇下田城ふれあい温泉	駅
熊本県	くま川鉄道	湯前線	ひとよしおんせん 人吉温泉	駅
熊本県	くま川鉄道	湯前線	ゆのまえ 湯前	駅
熊本県	肥薩おれんじ鉄道	肥薩おれんじ鉄道線	ひなぐおんせん 日奈久温泉	駅
熊本県	肥薩おれんじ鉄道	肥薩おれんじ鉄道線	ゆのうら 湯浦	駅

（著者プロフィール）

池口英司：交通系ライター、ブロガー、カメラマン。1956年、東京生まれ。日本大学藝術学部写真学科卒業後、出版社勤務を経て独立。おもな著書に『まるわかり鉄道用語の基礎知識850』（イカロス出版）、『鉄道時計ものがたり—いつの時代も鉄道員の"相棒"』（交通新聞社新書）ほか寄稿は多数。

DJ鉄ぶらブックス008
忘れじの温泉電車

2016年1月31日　初版発行

著　　　者：池口英司
発 行 人：江頭　誠
発 行 所：株式会社交通新聞社
　　　　　〒101-0062
　　　　　東京都千代田区神田駿河台2-3-11
　　　　　NBF御茶ノ水ビル
　　　　　☎ 03-6831-6561（編集部）
　　　　　☎ 03-6831-6622（販売部）
写真協力：安田就視
　　　　　楠居利彦
　　　　　持田昭俊
　　　　　松本洋一
　　　　　風間克美
　　　　　熊本日日新聞社
　　　　　交通新聞サービス
本文DTP：パシフィック・ウイステリア
印刷・製本：大日本印刷株式会社
（定価はカバーに表示してあります）

©Eiji Ikeguchi 2016
ISBN978-4-330-64216-1

落丁・乱丁本はお取り替えいたします。
ご購入書店名を明記のうえ、
小社販売部宛てに直接お送りください。
送料は小社で負担いたします